Bischof Kurt Koch

Gottes Schönheit leben

verlagsgruppe engagement

Bischof Kurt Koch

Gottes Schönheit leben

Zur unverwelkten Aktualität der Orden

Paulusverlag Freiburg Schweiz

Die Deutsche Bibliothek – CIP-Einheitsaufnahme

Koch, Kurt:
Gottes Schönheit leben : zur unverwelkten Aktualität der Orden /
Kurt Koch. – Freiburg, Schweiz : Paulusverl., 2000
ISBN 3-7228-0498-1

Umschlaggestaltung: Art & Deco, Zumholz FR
ISBN 3-7228-0498-1

Inhalt

Vorwort

Im Roman «Pallieter» von *Felix Timmermanns* ist ein junger Mann im Mittelpunkt, der unter einem Baum steht, die Sonne genießt und sich an den Lichtstrahlen freut, die in den Blättern spielen. Da kommt jemand vorbei und fragt ihn: «Was machst Du?» Auf diese Frage antwortet Pallieter knapp und präzis zugleich: «Ich bin.» In dieser Szene scheint mir die Grundstimmung in der heutigen gesellschaftlichen Lebenswelt gut wiedergegeben zu sein. Weil die Menschen offenbar immer etwas machen müssen und machen wollen, heißt die im Vordergrund stehende chronische Frage: «Was machst Du?» Diese Konzentration auf das Machen hat heute weithin auch Einzug in die Kirche gehalten. Wie man etwas macht, ist auch im kirchlichen Leben beinahe zur alles entscheidenden Frage geworden. Und sobald man weiß, wie man es macht, kann einen niemand und nichts daran hindern, es eben zu machen. Es gibt in der heutigen Kirche freilich auch spürbare Gegenreaktionen gegen diese Tendenz des Machens. Die deutlichste besteht in der hoffnungsvollen Hinwendung vieler europäischer Christen und Christinnen nach Asien, wo sie Ruhe und Sammlung, Innerlichkeit und Meditation suchen, weil das Christliche hierzulande offensichtlich nur noch Aktivismus zu sein scheint. Hinter dieser etwas modisch gewordenen Flucht nach Asien verbirgt sich dennoch jenes berechtigte Lebensgefühl, das sich in der Aussage Pallieters ausdrückt, der auf die Frage «Was machst Du?» schlicht, aber radikal antwortet: «Ich bin.»

«Ich bin»: Diese Aussage kann allein die primäre Antwort des Christen und der Christin zumal in der heutigen Gesellschaft sein, in der vor allem das Machen und das Leisten zählen. Diese Antwort immer wieder in die Erinnerung zu rufen macht den unverwelkten Sinn der christlichen Ordensexistenz aus. Denn diese steht und fällt damit, daß Ordensmenschen zunächst nicht etwas Spezifisches machen, sondern etwas Spezifisches darstellen und leben, nämlich jene persönliche Christusbeziehung, die für jeden Christen elementar ist und die begründet ist in der Taufe auf Tod und Auferstehung Jesu Christi und in ihrer Ratifizierung in der Firmung. Beide Sakramente sind öffentliche Zeichen dafür, daß Menschen ganz Christus zugehörig sind und ihr Leben im Vertrauen auf Christus gestalten. Um diese Zugehörigkeit zu Christus aufgrund der Taufe und damit ihren radikalen Ernst im Leben der Christen zum Ausdruck zu bringen, verwendet Paulus im Römerbrief das ebenso realistische wie drastische Bild des Untertauchens und des Sterbens: «Wißt ihr denn nicht, daß wir alle, die wir auf Christus Jesus getauft wurden, auf seinen Tod getauft worden sind? Wir wurden mit ihm begraben durch die Taufe auf den Tod; und wie Christus durch die Herrlichkeit des Vaters von den Toten auferweckt wurde, so sollen auch wir als neue Menschen leben. Wenn wir nämlich ihm gleichgeworden sind in seinem Tod, dann werden wir mit ihm auch in seiner Auferstehung vereinigt sein» (Röm 6,3–5).

Das Untertauchen in das Wasser der Taufe betrachtet Paulus als Untertauchen in die abgründigen Wasser des Todes in solidarischer Gemeinschaft mit Jesus, der selbst in diese dunklen Wasser getaucht wurde. Und die Erfrischung durch das Bad der Taufe sieht Paulus als Auferweckung zu einem neuen Leben: Wie Jesus selbst in das Bad des Todes untergetaucht, daraus aber am Ostermorgen als der vollendet neue Mensch hervorgegangen ist, so taucht im Bad der Taufe der Mensch in das Grab Christi hinab, um zusammen mit Christus aus diesem Grab als wahrhaft neuer Mensch aufzuerstehen. Getauft werden bedeutet folglich, als alter Mensch zusammen mit Christus zu sterben und in das Grab seines Todes unterzutauchen, um ebenso mit Christus durch das Bad der Taufe als neuer Mensch auferweckt zu werden. Die Taufe impliziert damit eine elementare Vorverlagerung unseres Todes: Der Tod, den wir am Ende unseres Lebens sterben werden, bleibt zwar gewiß oft genug ein bedrohliches Ereignis; doch im Grunde genommen zählt er nicht mehr, weil wir, durch die Taufe aufgenommen in die Gemeinschaft der Kirche, schon jetzt im Leib des auferweckten Christus leben. Der viel ernsthaftere Tod, in dem wirklich eine ganze Welt aufgegeben wird und eine neue Welt sich eröffnet, ist demgegenüber die Taufe, der Übergang aus der alten Gesellschaft des alten Menschen in die neue Gesellschaft des Menschensohnes.

Die eigentliche Scheidelinie des christlichen Lebens ist somit nicht der physische Tod, sondern das Sterben in der Taufe. Auf viele Christen heute aber wirkt ihre

Taufe wie etwas längst Geschehenes, von dem man bekanntlich im Schwabenland sagt, es sei schon so lange her, daß es bald nicht mehr wahr sein kann. Nicht nur im Leben des einzelnen Christen, sondern auch in der Gemeinschaft der Kirche kann die Taufe so sehr aus dem Bewußtsein entschwinden, daß man von einer eigentlichen Taufvergessenheit sprechen muß. In dieser Situation ist die Verlebendigung des Taufbewußtseins bei allen Christen und Christinnen notwendig. Dazu braucht es in der Kirche christliche Gemeinschaften, die sich die Freiheit herausnehmen, durch ihren Lebensstil zu bezeugen, daß sie wirklich den Tod der Taufe sterben und deshalb in einer verbindenden und verbindlichen Gemeinschaft leben wollen. Denn die Taufe impliziert nicht einen rein heilsindividualistischen Vorgang, sondern auch und gerade die Eingliederung in den «Leib Christi». Die Annahme des Glaubens ist deshalb identisch mit der Aufnahme in die Gemeinschaft der Kirche: «Sterben und Auferstehen meint in der neutestamentlichen Tauftheologie sehr konkret den Übergang von der alten Gesellschaft in die neue Lebensform ‹Gemeinde›.»[1]

Die christlichen Gemeinschaften, die die Taufe konsequent leben wollen, sind die Orden. Denn sie wollen den mit der Taufe fälligen Übergang aus der alten in die neue Gesellschaft nachholen und damit die Taufe ratifizieren. Sinnenfällig wird dies dadurch zum Ausdruck gebracht, daß von nun an ein neues Gewand den zusammen mit Christus in das neue Leben Auferweckten kleiden und ein neuer Name gleichsam für sein neues, von Christus gewandeltes Ich stehen soll. Der Eintritt von Christen und Christinnen in die klösterliche Gemeinschaft will letztlich nichts anderes sein als der ernsthafte Vollzug dessen, was bereits zur christlichen Taufe gehört. Deshalb sind christliche Orden berufen, die Konsequenzen der Taufe glaubwürdig zu leben und damit der ganzen Kirche die grundlegende Bedeutung der Taufe wieder neu ins Stammbuch zu schreiben, und zwar nicht bloß mit Worten, sondern durch das Zeugnis gelebter Ordensexistenz.

Darin liegt nicht nur der kirchliche Ort, sondern auch die elementare kirchliche Sendung der Orden. Indem sie exemplarisch Kirche leben wollen, sind sie zugleich berufen, eine grundlegende Eigenschaft des biblisch offenbaren Gottes in die Erinnerung zu rufen und zu leben, die heute einer elementaren Revitalisierung bedarf, zumal sie in unserer westlichen Glaubenstradition immer wieder etwas ins Hintertreffen geraten ist, nämlich die Eigenschaft der Schönheit Gottes. Denn in unserer lateinischen Tradition standen stets die Wahrheit und das Gutsein Gottes im Vordergrund der Aufmerksamkeit. Demgemäß glauben wir, daß Gott wahr ist und daß wir deshalb seinem Wort trauen dürfen. Ebenso sind wir überzeugt, daß Gott gut ist und daß wir deshalb seinen Geboten folgen sollen. Wahrheit und Gutsein sind ganz gewiß grundlegende Eigenschaften Gottes. Gott aber ist in der biblischen Tradition nicht nur wahr und gut, sondern auch und vor allem schön.

Es macht das große Verdienst des katholischen Theologen und Kardinals *Hans Urs von Balthasar* aus, diese schöne Eigenschaft Gottes wieder in die Erinnerung gerufen zu haben: «Gott kommt nicht primär als Lehrer für uns (‹wahr›), als zweckvoller ‹Erlöser› für uns

(‹gut›), sondern um SICH, das Herrliche seiner ewigen dreieinigen Liebe zu zeigen und zu verstrahlen, in jener ‹Interesselosigkeit›, die die wahre Liebe mit wahrer Schönheit gemein hat. Zu Gottes Glorie ward die Welt erschaffen, durch sie und zu ihr wird sie auch erlöst.»[2]
Wenn Gott vor allem schön ist, dann geht es im christlichen Glaubensleben nicht nur darum, auf das wahre Wort Gottes zu hören und seinen guten Geboten zu folgen. Dann geht es vielmehr auch darum, Gott in seiner wunderbaren Schönheit zu genießen und selbst schöne Werke zu tun – wie jene Frau in Betanien, die Jesus über sein Haar kostbares Nardenöl gießt (Mk 14,3–9). Mit diesem schönen Werk steht die Frau freilich schon damals hilflos und wehrlos da gegenüber den Jüngern, die unwillig werden und sich über diese Verschwendung ärgern: «Man hätte das Öl um mehr als dreihundert Denare verkaufen und das Geld den Armen geben können.» Jesus hingegen stellt sich vor die Frau, und er setzt sie gegenüber ihren Kritikern ins Recht: «Hört auf! Warum läßt ihr sie nicht in Ruhe?» Ja, noch mehr, Jesus lobt die Frau ausdrücklich: «Sie hat ein schönes Werk an mir getan.» Und wegen dieses schönen Werkes spricht ihr Jesus eine ebenso schöne Verheißung zu: «Überall auf der Welt, wo dieses Evangelium verkündet wird, wird man sich an sie erinnern und erzählen, was sie getan hat.»

Dieses Lob und diese Verheißung geben zu denken: Wie Gott nach der Septuaginta seine Schöpfung anschaut und sieht, daß sie «kalon» («sehr schön») ist, so tut die Frau in Betanien nicht nur ein ethisch gutes, sondern vor allem ein schönes Werk (kalon). Denn sie tut es aus dem Überfluß ihrer Liebe zu Jesus. Diese schöne Tat der Frau in Betanien macht nicht nur deutlich, «daß das Christentum sich nicht in Moral erschöpft. Sie bewahrt uns vor einem Totalitätsanspruch der Moral» und des heutigen Machbarkeitsdenkens[3]. Die Frau vollzieht mit ihrem schönen Werk auch und vor allem jene Glaubenshaltung, zu der in besonderer Weise Ordensgemeinschaften berufen sind, die auf die chronische Frage von heute «Was machst Du?» antworten: «Ich bin», und zwar dank der schönen Gnade Gottes.

Im Leben des unverzweckten Genusses der Schönheit Gottes und im exemplarischen Tun von schönen Werken erblicke ich die unverwelkte Aktualität der christlichen Orden, auch und gerade in der heutigen Situation der Kirche. Auf sie wieder einmal deutlich aufmerksam zu machen ist denn auch die Absicht der in diesem Büchlein gesammelten Betrachtungen zur christlichen Sinnbestimmung der Orden, die ich in den vergangenen zwei Jahren bei verschiedenen Anlässen gehalten habe. Deren Publikation will auf der einen Seite an die undelegierbare Sendung der Orden in der Kirche erinnern und auf der anderen Seite für die Ordensgemeinschaften ein kleines Zeichen der Dankbarkeit und zugleich der Ermutigung sein, ihre Sendung auch in der heutigen Zeit in leidenschaftlicher Gelassenheit und in gelassener Leidenschaft wahrzunehmen. Denn gerade die Kirche heute hat die Ordensgemeinschaften dringend nötig!

Solothurn,
am Fest Allerheiligen 1999

+ KURT KOCH
Bischof von Basel

Verbindliche Freiheit und freie Bindung

Feier der zeitlichen Profess[4]

In jedem Menschen, der ehrlich zu sich selbst ist, schlummert eine geradezu maßlos zu nennende Sehnsucht nach Erfüllung und Vollendung seiner tiefsten Lebenshoffnungen. In der Maßlosigkeit seiner Wünsche entpuppt sich jeder Mensch als ein kleiner «Terrorist» der Sehnsucht. Kein Mensch kann diese seine maßlose Sehnsucht, diesen Schrei nach Unendlichkeit, der er selbst ist, total verdrängen. Deshalb bleibt er immer wieder der großen Versuchung ausgesetzt, daß er seine maßlose Sehnsucht an äußerst mäßigen Wirklichkeiten seines Lebens festzumachen versucht: sei es an materiellen Dingen, sei es an sogenannten Lebenswerten wie Erfolg, Karriere oder Prestige, oder sei es auch an anderen Menschen, die sich freilich früher oder später auch als mäßige Menschen herausstellen werden. An dieser Stelle dürfte der tiefste Grund dafür liegen, daß heute so viele Menschen in einer geradezu destruktiven Hast hinter den Gütern unserer Welt herjagen und beziehungssüchtig wie beziehungsflüchtig geworden sind. Sobald sie allerdings sensibel verspüren, daß die materiellen Güter, aber auch andere Menschen die wahre und maßlose Sehnsucht ihres Herzens nicht vollauf zu trösten vermögen, fangen sie an, ihre maßlose Sehnsucht in sich selbst zu töten oder zumindest zu unterdrücken. Was dann übrigbleibt, ist entweder ein menschenverachtender Zynismus oder ein nihilistisch kapriziertes Heldentum. Auf jeden Fall werden die Menschen maßlos ent-täuscht oder, um es in der Modesprache von heute zu sagen, frustriert.

Sehnsucht nach der Maßlosigkeit Gottes

Ja, die Frustration ist geradezu vorprogrammiert, und zwar schlicht deshalb, weil wirkliche Erfüllung und Vollendung der maßlosen Sehnsucht des menschlichen Herzens nur die einzig maßlose Wirklichkeit geben kann: der unendliche Gott, dessen Herz unruhig ist, bis es ruhen kann im ebenso ruhelosen Herzen des empfangsbereiten Menschen. Deshalb ist aber auch des Menschen Herz unruhig, bis es ruhen kann bei Gott. Diese heilige Unruhe hat Jesus in die Welt gebracht und in das Herz des Menschen gelegt, damit sie nirgendwo zur Ruhe kommt – außer bei Gott selbst, der einzig maßlosen Wirklichkeit.

Diese heilige Unruhe am Leben zu erhalten und wie ein Feuer zu hüten, darin liegt die besondere Sendung von Ordenschristen und Ordenschristinnen in der Gemeinschaft der Kirche. Sie sind berufen, die christliche Grundhaltung einer radikalen Abhängigkeit von Gott in zugespitzter Weise zu leben. Darin besteht die Verrücktheit des christlichen Ordenslebens, das die Maßstäbe und Wertvorstellungen in der heutigen Welt und Kirche ungemein ver-rückt. Dies ist bereits daran ablesbar, daß kein Wort dem heutigen Menschen mehr zum Fremdwort geworden zu sein scheint als das Wort «Abhängigkeit». Der heutige Mensch vermag in ihr weithin nur das schiere Gegenteil seiner Freiheit zu erblicken; und diese gehört für ihn zu seinen größten Lebensheiligtümern.

Ordenschristen und Ordenschristinnen aber sind radikal von Gott abhängige Menschen. Und sie bezeugen mit ihrem Lebensstil, daß ihre Gottabhängigkeit eine Abhängigkeit in Liebe ist, die nicht versklavt, sondern befreit. Denn sie machen die schöne Entdeckung, daß in dieser Abhängigkeitsbeziehung in Liebe alle Initiative von Gott ausgeht, wie es Jesus im heutigen Evangelium unmißverständlich ausspricht: «Nicht ihr habt mich erwählt, sondern ich habe euch erwählt und dazu bestimmt, daß ihr euch aufmacht und Frucht bringt und daß eure Frucht bleibt. Dann wird euch der Vater alles geben, um was ihr ihn in meinem Namen bittet» (Joh 15,16). Aus diesem kategorischen Indikativ der Liebe Gottes ergibt sich von selbst jenes Brautverhältnis, von dem wir in der Lesung (Hos 2,16.21–22) gehört haben: Gott selbst wirbt um den Menschen, und er verlockt ihn zur Gemeinschaft mit ihm.

So dürfen auch wir glauben, daß es Gott selbst ist, der Sie, liebe Schwester Sabine, gerufen hat, in der klösterlichen Lebensform Christus nachzufolgen. Und mit Ihrer Zeitlichen Profeß, die wir heute dankbar feiern dürfen, sprechen Sie Ihr freies Ja zum Ruf und zur Erwählung Gottes. Mit diesem feierlichen Ritus der Profeß begeben Sie sich zunächst in die Lebenssituation einer radikalen Abhängigkeit von der Gemeinschaft der Baldegger Schwestern. Diese klösterliche Abhängigkeit kann aber letztlich nur eine Abhängigkeit von Gott sein, wie es diese Ordensgemeinschaft bereits mit ihrer Ehrenbezeichnung zum Ausdruck bringt: «Schwestern von der Göttlichen Vorsehung». Damit bekennen Sie Ihren Glauben an einen äußerst vor-sichtigen, ja vorsehenden Gott. Die von Ihnen geglaubte und erfahrene Abhängigkeit kann deshalb nur eine Abhängigkeit in Liebe sein, in der Sie die Maßlosigkeit Ihres Herzens ruhen lassen am Herzen der maßlosen Liebe Gottes.

Konkretionen der Abhängigkeit in Liebe

Diese Abhängigkeit in Liebe wird in einer klösterlichen Gemeinschaft äußerst konkret in den Ordensgelübden, die denn auch im Mittelpunkt einer Profeßfeier stehen. Dies gilt vor allem, wenn die Ordensgelübde im Geist des heiligen *Franziskus* verstanden und gelebt werden. Denn in seiner Sicht sind die Gelübde zugespitzte Ausdrucksweisen der Erfahrung der Abhängigkeit von Gott in Liebe. Dabei fällt zunächst auf, daß Franz recht wenig von der Jungfräulichkeit spricht. Im Vordergrund stehen bei ihm vielmehr der Gehorsam und vor allem die Armut:

Die *Armut* zählt Franz zur ursprünglichen Situation des Menschen und damit zur paradiesischen Existenz, zu der der franziskanische Mensch zurückkehren soll. So spricht in einer Schrift die Armut zu Franziskus: «Vor langer, langer Zeit war ich im Paradies meines Gottes, wo der Mensch nackt war ... Übergroß ist meine Freude, und ich spielte vor ihm allezeit; weil er nichts zu eigen besaß, war er ganz Gottes.»[5] Die Armut macht die schöne Würde des Menschen aus, nämlich seine Gottunmittelbarkeit. Denn wenn der Mensch arm ist, dann steht nichts mehr zwischen ihm und Gott. Und je weniger der Mensch hat, desto mehr gehört er Gott. Armut ist damit letztlich nur ein anderes Wort für die Gott-Zu-Gehörig-Keit und die Geschöpflichkeit des Menschen. Das Leben der Armut ist deshalb ein lebendiges Bekenntnis zum Schöpfergott, der alles Sein und Leben gibt. Daraus schließt Franz, daß er sein ganzes Leben Gott zu verdanken hat, daß sein Leben in der dankbaren Rück-Gabe und Antwort auf die lebendige Gabe des Schöpfergottes bestehen muß und daß sein Leben zu einem einzigen eucharistischen Hochgebet werden soll.

Nicht weniger tief versteht Franz den *Gehorsam*. Dazu verwendet er den drastischen Vergleich des Ordenschristen mit einem Leichnam. Diesen Vergleich kann man freilich nur nachvollziehen, wenn man den Lebenszusammenhang berücksichtigt, in dem er steht. Diesbezüglich stellt Franz fest, daß die Verfügbarkeit der Brüder keineswegs so ist, wie sie sein sollte. Um auszudrücken, was er unter einem vollkommenen Gehorsam versteht, verwendet Franz das Bild vom Leichnam: «Nimm den entseelten Körper, und lege ihn, wohin du willst; du wirst sehen, er leistet keinen Widerstand gegen die Bewegung, er murrt nicht wider seine Lage, er widerspricht nicht, wenn man ihn liegen läßt. Setzt man ihn auf einen Thron, so richtet er den Blick nicht nach oben, sondern nach unten. Kleidet man ihn in Purpur, so erscheint er doppelt bleich. Das ist der wahrhaft Gehorsame. Er forscht nicht, warum er geschickt wird; er kümmert sich nicht darum, an welchen Platz er gestellt wird; er besteht nicht darauf, daß er versetzt werde. Wird er zu einem Amt befördert, bewahrt er seine Demut.»[6] Die Pointe dieses Gleichnisses besteht sicher nicht im Unbeteiligtsein eines Toten, sondern in der lebendigen Verfügbarkeit und damit in der Bereitschaft, an jedem Ort zu dienen. Es ist deshalb kein Zufall, daß für Franz der Gehorsam gleichbedeutend ist mit der «minoritas». In der Nachfolge Jesu, der den Weg der Demut gegangen ist, darf folglich kein Bruder über dem anderen stehen oder sich höher oder besser als andere fühlen. Die Gemeinschaft des Franz soll vielmehr ein herrschaftsfreier Lebensraum sein, in dem es nur Gehorsame und Dienende gibt. Wenn solche «minoritas» die eigentliche Würze des Gehorsams ist, beginnt man auch zu verstehen, warum für Franz der Gehorsam das zweitwichtigste Wort neben dem Evangelium ist.

Von daher erschließt sich auch der Stellenwert der *Jungfräulichkeit* im Ordensleben. Sie ist für Franz die entscheidende Voraussetzung für das Einander-Mutter-Sein im Sinne der zärtlichen Liebe zu den Schwestern und Brüdern. Die Franziskusbiographen werden denn auch nicht müde, hervorzuheben, wie zärtlich Franz mit seinen Brüdern umgehen konnte. Das Wort, das er am häufigsten, nämlich 242-mal, verwendet, heißt nicht zufälligerweise «Bruder». Seine Liebe und Fürsorge war dabei so intensiv, daß er von seinen Brüdern nicht selten als «liebste Mutter» angesprochen wurde. Zu solcher Liebe und Fürsorge ermahnt er in seiner Regel aber auch seine Brüder: «Wenn schon eine Mutter ihren leiblichen Sohn nährt und liebt ..., um wieviel sorgfältiger muß einer seinen geistlichen Bruder lieben und nähren.»

Freie Treue im Gebet

Armut als geschöpfliches Verdanktsein, Gehorsam als minoritische Verfügbarkeit und Jungfräulichkeit als zärtliche Mütterlichkeit sind in den Augen des heiligen Franziskus drei Seiten der christlichen Ordensexistenz. Diese Gelübde sind gleichsam die Gebote, von denen Jesus im heutigen Evangelium sagt, daß sie eine große Hilfe sind, um in der Liebe bleiben zu können: «Wenn ihr meine Gebote haltet, werdet ihr in meiner Liebe bleiben, so wie ich die Gebote meines Vaters gehalten habe und in seiner Liebe bleibe» (Joh 15,10). Auch die Gelübde, die Sie, liebe Schwester Sabine, heute ablegen, sind entscheidende Wegmarken, damit Ihnen gelingen kann, was der eigentliche Sinne der Gelübde ist, nämlich die Weihe Ihres ganzen Lebens an Gott in liebender Abhängigkeit von ihm. Hier liegt es begründet, daß in der Ordensgeschichte das Ablegen der Gelübde ursprünglich als «consecratio», als «Weihe», bezeichnet wurde.

Diese Weihe des eigenen Lebens an Gott bewahrheitet die Zusage der Freundschaft Jesu im heutigen Evangelium: «Ich nenne euch nicht mehr Knechte; denn der Knecht weiß nicht, was sein Herr tut. Vielmehr habe ich euch Freunde genannt; denn ich habe euch alles mitgeteilt, was ich von meinem Vater gehört habe» (Joh 15,15). Solche Freundschaft ist die höchste Form der Abhängigkeit in Liebe. In diesem Sinne zeigt die Ordensexistenz, daß Abhängigkeit und Freiheit keine Gegensätze darstellen, daß sie sich vielmehr wechselseitig fordern und fördern. Denn der Preis, den die Freiheit *kostet*, ist die Treue, weil treu sein muß, wer frei werden will. Und umgekehrt ist der Preis, den die Treue *gewinnt*, die Freiheit, weil nur, wer treu sein kann, auch frei werden wird. Aus diesem doppelten Preis entsteht jene freie Verbindlichkeit oder verbindliche Freiheit, die der heutigen Welt und Kirche so nottut und die das Lebenselixier des christlichen Glaubens ausmacht: je Gott-abhängiger, desto freier, und umgekehrt.

Dieses Glaubensgeheimnis in der heutigen Kirche wieder neu heimisch werden zu lassen ist die besondere Sendung von Ordensgemeinschaften. Ich danke der Klostergemeinschaft von Baldegg, daß sie auch mit der heutigen Profeßfeier dieses öffentliche Glaubensbekenntnis in der heutigen Kirche und Welt ablegt. Besonders danke ich Ihnen, liebe Schwester Sabine, für Ihre minoritische Bereitschaft zum Zeugnis Ihres Ordenslebens. Darin besteht das großartige Geschenk, das Sie uns heute bereiten. Unsere Antwort auf ihr Geschenk soll unser Mitfeiern heute und unsere weitere Begleitung im Gebet sein. Gerne lege ich aber auch Ihnen und der ganzen Klostergemeinschaft die Anliegen unseres Bistums und der ganzen Weltkirche ans Herzen; und ich bin überzeugt, daß wir über die tragfähigste Kommunikationsbrücke des Gebetes miteinander verbunden bleiben.

Vor allem im Gebet kann Freundschaft entstehen und gedeihen, die ihren tiefsten Grund in jener Freundschaft hat, die Christus uns selbst anbietet. Dies haben bereits jene angelsächsischen Geistlichen im 9. Jahrhundert entdeckt, die sich unter dem Einfluß der iroschottischen Mönche verpflichtet haben, ihre Freundschaft untereinander im Handeln zu bewähren und deshalb auch füreinander zu beten. Daraus sind nicht nur die sich immer stärker ausbreitenden Gebetsbruderschaften entstanden, sondern es konnte auch eine neue christliche Form der Freundschaft erblühen, die im fürbittenden Gebet für den Freund und die Freundin und in der Verbundenheit mit ihnen im Gebet die Intensivstation freundschaftlicher Treue wahr-nimmt.

Solche treue Verbundenheit im Gebet wünsche ich uns allen. Denn sie ist der wahre Mutterboden, auf dem die Ordensgelübde lebbar sind und auf dem der Lebensstil einer freien Verbindlichkeit und einer verbindlichen Freiheit zum glaubwürdigen Zeugnis dafür werden kann, daß die maßlose Erfüllung und Vollendung der maßlosen Sehnsucht des menschlichen Herzens einzig und allein von Gott zu erwarten ist. In dieser realistischen und gläubigen Lebenshaltung können wir mit der heiligen *Theresia von Avila* bekennen: «Dios basta» – «Gott genügt». Dieses Glaubensgeheimnis, das auch dann noch tragen wird, wenn uns in unserem Lebensschicksal alle mäßigen Wirklichkeiten unseres Lebens genommen werden sollten, tritt uns auch und gerade mit der heutigen Profeßfeier deutlich vor Augen, und dafür bin ich Ihnen allen von Herzen dankbar.

Ewiges An-Sehen bei Gott

Feier der Ewigen Gelübde[7]

Die heutige Feier der Ewigen Gelübde von Schwester Carmen-Marie de l'Amour Miséricordieux erfüllt uns mit Freude. Diese Feier fällt in eine Zeit hinein, in der sowohl in den öffentlichen Diskussionen als auch in den innerkirchlichen Auseinandersetzungen die Kirche mit kritischen Augen betrachtet und mit vielen Postulaten nach strukturellen Veränderungen überschüttet wird. Diese Forderungen an die römisch-katholische Kirche hat der reformierte Tübinger Theologe *Jürgen Moltmann* kürzlich zum Anlaß genommen, auch eine «Liste protestantischer und evangelischer Defizite» aufzustellen, die sich ihm «im Spiegel der anderen Kirchen», vor allem der römisch-katholischen, aufdrängen. Auf dieser Liste figuriert auch das weitgehende Fehlen von Ordensgemeinschaften in den Kirchen der reformatorischen Tradition, in denen es «um ein Leben in der ungeteilten Nachfolge Jesu nach den Maßstäben der Bergpredigt, bedingungslosen Friedensdienst, freiwillige Armut und gemeinsames Leben sowie ständige Hingabe an Gott und den Nächsten in Gebet und Arbeit» geht. Moltmann ist denn auch überzeugt, daß ohne solche Nachfolgegruppen die Weltchristenheit «bis zur sozialen Unkenntlichkeit» zu verweltlichen droht.[8]

Dauernde Präsenz im kirchlichen Herzen

Angesichts der sensiblen Feststellung dieses Desiderates wurde mir die alte Weisheit wieder bewußt, daß man offensichtlich die Kostbarkeit von schönen Perlen am intensivsten dort wahr-nimmt, wo man sie vermißt. Nehmen wir deshalb die heutige Feier als willkommenen Anlaß, uns dankbar auf die grundlegende Sendung von kontemplativen Ordensgemeinschaften in der heutigen Kirche zu besinnen. Eine solche Besinnung erweist sich vor allem deshalb als notwendig, weil in der Kirche der Gegenwart Weltsendung und Weltverantwortung groß geschrieben werden. Dies ist teilweise in einem solchen Ausmaß der Fall, daß man geradezu von einer Verdiakonisierung der gegenwärtigen Kirche sprechen muß. Damit soll freilich kein Wort gesagt werden gegen die diakonische Grundsendung der Kirche. Denn die Kirche kann nie diakonisch genug sein. Ein kritisches Wort ist aber dort anzumelden, wo die emphatische Betonung der diakonischen Verantwortung der Kirche ihre anderen Grundvollzüge auszublenden oder geringzuachten droht. In dieser diakonischen Akzentsetzung in der heutigen kirchlichen Situation dürfte es wahrscheinlich begründet sein, daß den kontemplativen Ordensgemeinschaften heute nicht immer jene liebende Aufmerksamkeit entgegengebracht wird, die sie verdienen. Vorschnell wird dann angenommen, daß kontemplative Orden nichts oder nur wenig zur Weltverantwortung und zur gesellschaftlichen Mission der Kirche beitragen.

Dieses Urteil muß sich aber als Vor-Urteil entlarven lassen, wenn wir – gerade am Beginn des Monats der Weltmission – dem Lebensgeheimnis der Patronin der Mission folgen, nämlich der heiligen *Theresia von Lisieux*. Es gibt zu denken, daß diese Patronin der Mission nie unmittelbar missionarische Aktivitäten hat ausüben können und daß sie nie ein Missionsland betreten hat. Aber ihre entscheidende Glaubenserkenntnis bestand in den drei Überzeugungen, daß die Kirche erstens ein Herz hat, daß dieses Herz zweitens die Liebe ist und daß sich diese Liebe drittens in der Eucharistie verdichtet. Und Theresia war überzeugt, daß der eigentliche Angelpunkt der Kirche in diesem Trio von Herz–Liebe–Eucharistie liegt und daß folglich die Apostel nicht mehr verkündigen, die Krankenschwestern nicht mehr trösten und heilen und die Laien nicht mehr die Welt auf das Reich Gottes hinführen können, wenn dieses Herz der Kirche nicht schlägt. Deshalb war Theresia des weiteren überzeugt, daß sie als kleine Nonne, hinter den Gittern des Karmel in einer Stadt der französischen Provinz, überall anwesend sein konnte, wenn sie nur als Liebende mit Christus in der Mitte der Kirche war. Dieser Mitte – der Liebe, der Eucharistie, dem Herzen – diente sie mit ihrem ganzen Leben; und sie war vor allem darum besorgt, daß das Herz Herz bleibt. Denn «das Herz muß Herz bleiben, damit die anderen Organe von ihm her recht dienen können».[9]

Theresia war zutiefst missionarisch, sofern man unter Mission nicht allein die äußeren Vollzüge versteht, sondern sich auf jene tiefere Mitte des Glaubens einläßt, die der dynamische Ursprung allen missionarischen Handelns der Kirche ist. Dasselbe gilt auch von den kontemplativen Ordensgemeinschaften in der heutigen Kirche, zumal wenn sie in der karmelitischen Tradition stehen wie die Karmel-Familie von Develier. Indem kontemplative Gemeinschaften beim Herzen der Kirche verweilen und ihr Ohr den Herztönen leihen, dienen sie der Beweglichkeit aller anderen Organe der Kirche und sind sie die mystischen Lebenszellen der kirchlichen Mission. Und dafür dürfen wir von Herzen dankbar sein.

Orden-tliche Einlösung der Taufe

Mystische Lebenszellen in der Kirche sind die kontemplativen Ordensgemeinschaften vor allem deshalb, weil sie berufen sind, in einer persönlichen Christusbeziehung zu leben und sich ganz an Gott zu binden. Dies ist aber nur möglich, wenn sich Ordenschristinnen ihr tiefstes Ansehen von Gott selbst schenken lassen und wenn sie im gläubigen Wissen darum leben, daß Gott selbst sich an ihnen freut. So hat es der Prophet Zefanja mit seinen tröstlichen Worten in der ersten Lesung verheißen: «Der Herr, dein Gott, ist in deiner Mitte ... Er freut sich und jubelt über dich, er erneuert seine Liebe zu dir» (3,17). Im Vertrauen auf die Einlösung dieser göttlichen Verheißung zu leben macht die gläubige Kultivierung des menschlichen Urwunsches nach An-Sehen, nach Zuwendung und Anerkennung und deshalb nach einem einmaligen Namen aus. Denn die tiefste Sehnsucht des Menschen besteht darin, einmalig und – im besten Sinn des Wortes – originell sein zu dürfen, in dieser unverwechselbaren Originalität erkannt und anerkannt zu werden und auf keinen Fall austauschbar zu sein. In diesem elementaren Sinn von jemandem angesehen zu werden schenkt dem Menschen wahres Ansehen.

Dieser menschliche Urwunsch nach Ansehen kann freilich maßlos werden, und zwar vor allem dann, wenn Menschen das Gelingen ihres Lebens von der Erfüllung dieses Wunsches durch andere Menschen total abhängig machen. Dann muß dieses Versprechen enttäuscht werden; und es stellt sich oft genug als Ende einer Täuschung heraus. Ordenschristinnen leben demgegenüber in der Überzeugung, daß die Maßlosigkeit des menschlichen Herzens in seiner Sehnsucht nach Ansehen nur von der einzig maßlosen Wirklichkeit Gottes beantwortet werden kann. Deshalb wissen sie darum, daß sie von Gott, der in ihrer Mitte lebt, zu jeder Stunde angesehen werden, und deshalb erwarten sie das tiefste Ansehen ihrer Person von Gott. Ja, mit dem Ablegen der Ewigen Gelübde versprechen sie, in jungfräulicher Erwartung auf ewiges An-Sehen bei Gott zu leben.

Schon rein menschlich kommt die Sehnsucht nach Ansehen am deutlichsten zum Ausdruck in der Wahrnehmung des einzigartigen Namens, den ein Mensch trägt. Vollends gilt dies von Ordenschristinnen, die mit ihrem Eintritt in die klösterliche Gemeinschaft einen neuen Namen erhalten. Dieser neue Name steht gleichsam für das neue, von Christus gewandelte Ich. Mit dieser Namensgebung holen aber Ordenschristinnen nur ein und ratifizieren, was bereits in der Taufe grundgelegt worden ist, in der uns der Dreieine Gott selbst beim Namen gerufen hat. Der Eintritt in die klösterliche Gemeinschaft und vollends das Ablegen der Ewigen Gelübde wollen deshalb letztlich nichts anderes sein als der ernsthafte Vollzug dessen, was bereits zur christlichen Taufe gehört.

Die grundlegende Sendung christlicher Ordensgemeinschaften liegt von daher darin, die Konsequenzen der Taufe glaubwürdig zu leben und damit der ganzen Kirche die schöne Bedeutung der Taufe wieder neu ins Stammbuch zu schreiben, und zwar nicht bloß mit Worten, sondern durch das Zeugnis gelebter Ordensexistenz. In dieser Sendung ist es zutiefst begründet, daß im Ordensleben die Taufe ihre sichtbare und äußerst konkrete Ausfaltung findet in den drei evangelischen Räten, die man auch die drei evangelischen «Losigkeiten» nennen kann: die Jungfräulichkeit als Ehe-Losigkeit, die Armut als Besitz-Losigkeit und der Gehorsam als Macht-Losigkeit.

Sie sind die prophetische Kultivierung der menschlichen Urwünsche nach Ansehen, nach Besitz und nach Macht und zugleich die Bändigung der Grundversuchungen des Menschen, die exemplarisch in der biblischen Geschichte von der Versuchung Jesu dargestellt sind (vgl. Mt 4,1–11). Diese Versuchungen stellen gleichsam die Negativfolie der drei menschlichen Urwünsche dar, die zu kultivieren jeder Christ berufen ist. Denn Freiheit zum Warten-Können («Jungfräulichkeit»), Freiheit im Umgang mit den Dingen der Welt («Armut») und Freiheit zum Machtverzicht («Gehorsam») sind jene christlichen Grundhaltungen, die die gläubige Kultivierung der menschlichen Urwünsche ausmachen. Neben dieser gemeinchristlichen Kultivierung kennt die kirchliche Tradition aber noch eine zweite Gestalt, nämlich in ihrer prophetischen Ausprägung im Ordensleben. Dieses ist berufen, die christlichen Grundhaltungen derart radikal zu leben, daß es sie in der sichtbar-konkreten Gestalt der drei evangelischen Losigkeiten verdichtet und daß diese in der heutigen Welt des Genießenwollens, des Habenwollens und des Herrschenwollens als befreiende Alternative sichtbar werden.

Aus dem kategorischen Indikativ der Liebe Gottes leben

Die drei prophetischen Losigkeiten hängen dabei deshalb so eng miteinander zusammen, weil man sie nur leben kann, wenn man sich vom Fruchtwasser der Liebe Gottes zu uns Menschen umgeben läßt und in ihm schwimmt. Die evangelischen Losigkeiten sind folglich als Konkretisierungen der Botschaft des Ersten Johannesbriefes zu verstehen, daß alle Liebe aus Gott stammt, daß Gott uns immer zuerst liebt und daß unsere menschliche Liebe nur die Antwort auf die vorgängige Liebe Gottes zu uns Menschen sein kann: «Nicht darin besteht die Liebe, daß wir Gott geliebt haben, sondern daß er uns geliebt und seinen Sohn als Sühne für unsere Sünden gesandt hat» (4,10). Mit diesem Primat des kategorischen Indikativs der uns zugesprochenen Liebe Gottes vor dem kategorischen Imperativ der uns Menschen aufgetragenen Nächstenliebe steht und fällt der christliche Glaube. Und diesen Primat der Liebe Gottes zu uns Menschen vor der Pflicht der Nächstenliebe glaubwürdig zu leben, macht das besondere Zeugnis von Ordenschristinnen in der heutigen Kirche aus.

Das konsequente Leben dieses Primates wird gewiß auch unsere Gottesliebe von Grund auf verändern. Diesbezüglich hat *Meister Eckehart* einmal festgestellt, daß manche Menschen Gott mit den Augen ansehen wollen, «mit denen sie eine Kuh ansehen»: «Sie wollen Gott lieben, wie sie eine Kuh lieben. Die liebst du wegen der Milch und des Käses und deines eigenen Nutzens. So halten's alle jene Leute, die Gott um des äußeren Reichtums oder des inneren Trostes willen lieben. Die aber lieben Gott nicht recht, sondern sie lieben ihren Eigennutz.» Denn Gott läßt sich nicht gebrauchen wie eine Kuh gemäß der kaufmännischen Logik: Gibt sie Milch, ist es gut; wenn nicht, muß sie verkauft oder geschlachtet werden. Gott aber ist schlechterdings nicht zu gebrauchen und schon gar nicht zu bezahlen. Gott ist vielmehr – im besten Sinne des Wortes – unbezahlbar. Gott kann deshalb nicht mit Hintergedanken, sondern nur um seiner selbst willen geliebt werden.

Diese Leidenschaft für Gott wollen Ordensgemeinschaften leben. Und weil sie Gott um seiner selbst willen lieben, sind sie auch bestrebt, den Mitmenschen in ähnlicher Weise zu lieben, nämlich um seinetwillen. Denn wahre Liebe besteht darin, daß wir den anderen Menschen in seinem unverwechselbaren Andersseins erkennen und anerkennen. In dieser Grundhaltung liegt jene Einheit unter den Menschen begründet, die wir heute so notwendig haben und die das besondere Gebetsanliegen von Schwester Carmen-Marie de l'Amour Miséricordieux ist. Sie macht sich damit das Gebetsanliegen Jesu selbst zu eigen, wie er es im heutigen Evangelium ausspricht: «Alle sollen eins sein: Wie du, Vater, in mir bist und ich in dir bin, sollen auch sie in uns sein, damit die Welt glaubt, daß du mich gesandt hast» (Joh 17,21).

Dieses Gebet zeigt, daß im Geheimnis der göttlichen Dreieinigkeit eine wunderschöne Vielfalt der Personen lebt, die sich voneinander unterscheiden. Denn der Vater ist nicht der Sohn und der Sohn nicht der Heilige Geist. Aber gerade in dieser Unterschiedenheit der Personen sind sie auf ganz intime Weise miteinander verbunden in der Einheit des einen göttlichen Lebens. Als Abbild dieses Dreieinen Gottes zu leben macht die Grundberufung der Kirche aus. Indem sie die Vielfalt der unverwechselbaren Namen in der Gemeinsamkeit der Liebe anerkennt, dient sie der tiefsten Einheit unter den Menschen, die nur in Gott gefunden werden kann. Daß sich Schwester Carmen-Marie de l'Amour Miséricordieux mit ihren Ewigen Gelübden verpflichtet, dieser Einheit zu dienen und dieses Anliegen im Gebet stets vor Gott zu tragen, darf uns alle mit Freude erfüllen. Wir wollen für Sie, liebe Schwester, beten, daß sie von Gott die Kraft erhalten, diesen Dienst auszuüben, damit die Welt glauben kann.

Mit der heutigen Feier der Ewigen Gelübde legen Sie zudem ein glaubwürdiges Zeugnis von der schönen Notwendigkeit des Ordenslebens in der Kirche ab. Dafür sind wir Ihnen dankbar. Sie stärken uns damit in der Überzeugung, daß wir Menschen brauchen, die – wie Theresia von Lisieux – am Pulsschlag Gottes leben und sich im Herzen der Kirche aufhalten, damit wir unser Glaubenszeugnis im Alltag des Lebens im Vertrauen auf den Rückenwind ihres Gebetes ablegen können. In der Tat: Man müßte die kontemplativen Orden unbedingt erfinden, wenn es sie nicht schon gäbe. Daß es sie aber auch weiterhin gibt, verdanken wir jedem Bruder und jeder Schwester, die sich mit ihrem Leben dafür zur Verfügung stellen. Heute danken wir Ihnen, liebe Schwester Carmen-Marie, ganz herzlich, daß Sie die Ewigen Gelübde im Orden der Allerseligsten Jungfrau Maria vom Berge Karmel ablegen und uns damit in unserem Glauben stützen. Wir wollen es Ihnen danken mit unserer Anteilnahme an Ihrem heutigen Fest und mit unserem Versprechen, Sie auch weiterhin mit unserem Gebet zu begleiten. Wir wollen Ihnen in unserem Herzen Raum geben, damit Sie Ihren Liebesdienst am Herzen der Kirche treu erfüllen mögen.

Gottes Wohnung unter den Menschen

Jubiläum einer Klostergemeinschaft[10]

«Seht, die Wohnung Gottes unter den Menschen!» (Offb 21,3). Mit diesem tröstlichen Zuruf einer lauten Stimme vom himmlischen Thron her in der heutigen Lesung darf ich dem Kapuzinerinnenkloster Gerlisberg meine besten Segenswünsche zum 500jährigen Jubiläum der Bewohnung von Luzern durch franziskanische Schwestern überbringen. Ich habe sehr gern den Weg von Solothurn nach Luzern auf mich genommen, um mit Ihnen, liebe Schwestern, Ihre Jubiläumsfreude zu teilen. Es ist ja derselbe Weg, auf dem Ihre Klostergemeinschaft in Luzern begonnen hat, als vor fünfhundert Jahren fünf Franziskaner-Beginen von Solothurn her nach Luzern übergesiedelt sind. Die Geschichte Ihrer Gegenwart in Luzern ist dabei durch zwei Klosterwohnungen geprägt, zunächst über vier Jahrhunderte im Bruch und seit 1904 auf dem Gerlisberg. Die Übersiedlung vom Bruch auf den Gerlisberg markiert einen großen Einschnitt, an dem man ablesen kann, wie wichtig die Wohnung auch bei einer Ordensgemeinschaft ist.

Wo wohnt Gott?

Dieses Empfinden für die Notwendigkeit der Wohnung teilen Ordensschwestern offensichtlich mit allen Menschen. Denn auch im Leben von uns Menschen spielt die eigene Wohnung eine sehr große Rolle. Wir pflegen sie so einzurichten, daß sie unserem Geschmack entspricht, daß wir uns in ihr daheim fühlen und daß sie uns Lebensqualität ermöglicht. Die Wohnung ist so sehr ein Stück von uns selbst, daß man geradezu sagen kann: «Sage mir, wo und wie Du wohnst, und ich sage Dir, wer Du bist!» Die Wohnung ist von so grundlegender Bedeutung, daß es uns nicht erstaunen wird, daß auch die Frage aufkommen kann, wo denn wohl Gott wohnt. Auf das erste Hinhören hin mag dies zwar wie eine typische Kinderfrage tönen, die aus der kindlichen Neugierde heraus entsteht. Hinter dieser Frage liegt freilich viel mehr verborgen. Denn mit unserer Antwort auf diese Frage kommt heraus, wie wir von Gott denken und wie wir zu Gott stehen:

Die herkömmliche und auch heute spontan geäußerte Antwort geht dahin, daß Gott in der Höhe des Himmels wohnt. Wenn diese Antwort gegeben wird, dann steht zumeist das Verhältnis des einzelnen Menschen zu diesem in der Höhe des Himmels thronenden Gott im Vordergrund der Aufmerksamkeit. Diese Antwort ist gewiß nicht falsch; im Gegenteil: Gott ist der Transzendente, der Welterhabene und der Unfaßbare, den nicht einmal die Himmel der Himmel fassen können. Dennoch ist dies nur die halbe Wahrheit, genauso wie bei uns Menschen noch nicht alles ausgesagt ist, wenn wir bloß wissen, wo sie wohnen. Es gibt nämlich auch

Menschen, die zwar einen konkret angebbaren Wohnort haben und dennoch in ihrem Herzen eine ganz andere, nämlich eine Wahlheimat tragen. Man kann beispielsweise als Zürcher geboren sein und dennoch seine Wahlheimat in Luzern haben, so daß Luzern wichtiger sein wird als Zürich.

Es will scheinen, daß es sich bei Gott ähnlich verhält. Seine angestammte Heimat ist durchaus der Himmel. Aber auch Gott kennt eine Wahlheimat, und diese befindet sich auf unserer Erde. In diesem Sinne sieht der urchristliche Seher Johannes in der heutigen Lesung die heilige Stadt, nämlich das neue Jerusalem von Gott her aus dem Himmel herabkommen. Und diese Vision wird wiederum von einer lauten Stimme vom Thron her gedeutet: «Seht, die Wohnung Gottes unter den Menschen! Er wird in ihrer Mitte wohnen, und sie werden sein Volk sein; und er, Gott, wird bei ihnen sein» (Offb 21,3).

Die heutige Lesung verkündet uns, daß Gott unter den Menschen wohnen will, und zwar in ihrer Mitte. Dieser Wahlwohnung Gottes kann aber noch nicht die Beziehung des einzelnen Menschen zu Gott entsprechen, sondern erst die Beziehung der menschlichen Gemeinschaft zu ihm. Denn wenn Gott in unserer Mitte wohnt, dann sind wir zu einer lebendigen Gemeinschaft zusammengeschlossen, und dann werden wir aufgrund seiner Gegenwart in unserer Mitte zu seinem Volk gemacht.

Bewohnbare Communio der Kirche

Es ist genau diese gemeinschaftliche Dimension der Kirche, die vom Zweiten Vatikanischen Konzil wiederentdeckt und revitalisiert worden ist. Dieses Konzil hat in erster Linie eine Rückbesinnung auf Gott und sein Geheimnis angestoßen. Darin lag sein größtes Anliegen, weshalb das erste Kapitel der Kirchenkonstitution bewußt den Titel trägt: «Das Mysterium der Kirche». Das Konzil hat damit zum Ausdruck bringen wollen, daß es die Kirche nicht für sich selbst und um ihrer selbst willen gibt, sondern nur «um Gottes willen», und zwar im buchstäblichen Sinn. Dementsprechend lebt die Kirche nur dann glaubwürdig und wirklich evangelisch, wenn sie möglichst wenig von sich und möglichst intensiv von Gott und seinem Heilsgeheimnis spricht.

Ein Ge-Heim-nis und erst recht das Geheimnis Gottes ist im ursprünglichen Sinn dasjenige, was zum Heim gehört und was einem so vertraut ist wie das eigene Heim. Insofern sind Geheimnisse nicht dazu da, rational aufgelöst zu werden; dann würden sich Geheimnisse des Glaubens sehr schnell in theologische Rätsel verwandeln. Geheimnisse sind vielmehr dazu da, existenziell bewohnt zu werden. Die Rückbesinnung auf das Geheimnis Gottes ruft deshalb nach der weiteren elementaren Frage nach der Bewohnbarkeit der Kirche, die wir bilden und die wir leben: Kirche, wo wohnst du? Und vor allem: Bewohnst du dein Geheimnis?

Auf diese elementare Frage antwortete das Konzil mit dem zweiten entscheidenden Stichwort, das Communio heißt. Das Konzil hat in neuer Weise betont, daß die Kirche nur eine lebendige Gemeinschaft sein kann, wenn sie das Spiegelbild des Dreieinen Gottes, Ikone der Trinität ist. Als solche ist die Gemeinschaft der Kirche berufen, das Geheimnis des Dreieinen, in sich selbst gemeinschaftlichen Gottes, der in der Mitte der Menschen wohnen will, sichtbar darzustellen, damit die Kirche als Gottes Volk in aller Öffentlichkeit in Erscheinung treten kann und damit die Menschen entdecken können, daß Gott bei seinem Volk Wohnung genommen hat.

Gottes Wohnung befindet sich unter den Menschen. Er wohnt in ihrer Mitte. Dies ist das schönste Geheimnis der Kirche. Wenn die Kirche selbst in diesem Geheimnis wohnt und dieses Geheimnis bewohnt, dann tritt sie als Communio, als lebendige Gemeinschaft, in Erscheinung. Am eindeutigsten sichtbar wird dies in der Taufe. Denn dieses Sakrament macht deutlich, daß Kirche gerade nicht dadurch entsteht, daß wir uns taufen lassen, sondern nur dadurch, daß wir uns aufnehmen lassen in die viel größere und bereits vor uns lebende Gemeinschaft der Kirche. Daraus fließt freilich für uns die Zumutung, aus der Taufe zu leben und so immer mehr eine menschliche Gemeinschaft zu werden, die «nicht mit allen Wassern gewaschen» ist, weil sie sich nur waschen läßt mit dem einen Wasser des Friedens und der Liebe Gottes.

Klösterlicher Wohnungswechsel

Die Taufe konsequent zu leben ist die Grundberufung der Kirche. Und ihr diese Grundberufung immer wieder ins Stammbuch zu schreiben, darin erblicke ich die besondere Sendung von christlichen Ordensgemeinschaften. Bereits ein Blick in die Geschichte der Orden zeigt, daß Ordensgründer und Ordensgründerinnen immer wieder Menschen aus den Kirchengemeinden angezogen und die oft genug stehenden Gewässer der Kirche aufgerührt und mit neuem Leben versorgt haben. Vor allem weil in der breiten und etwas oberflächlich gewordenen Volkskirche die Taufe nicht mehr konsequent als Aufnahme in die neue Gemeinschaft der Kirche verstanden und gelebt wurde, wollten die Orden den Tod der Taufe im Akt des Eintritts in die klösterliche Gemeinschaft nachholen und ratifizieren. Mit diesem Schritt in die neue Gemeinschaft des Klosters, gleichsam mit diesem existenziellen Wohnungswechsel, sollte der Tod der Taufe wirklich gestorben werden. Sinnenfällig wird diese Umbewohnung dadurch zum Ausdruck gebracht, daß ein neues Gewand den mit Christus in das neue Leben hinein Auferweckten kleidet und ein neuer Name für das im Geheimnis Gottes gewandelte menschliche Ich steht.

Der Eintritt in die klösterliche Gemeinschaft, in die neue Wohnung Gottes unter den Menschen, will gar nichts anderes sein als der ernsthafte Vollzug dessen, was schon zur Taufe gehört. Orden sind deshalb christliche Gemeinschaften, die sich die Freiheit herausnehmen, durch ihren Lebensstil zu sagen: Wir wollen wirklich den Tod der Taufe sterben, und wir wollen wirklich in der neuen Wohnung Gottes in der Mitte der Menschen leben. Orden sind dazu berufen, die «Wohnung Gottes unter den Menschen» sichtbar darzustellen. Deshalb verhalten sie sich in der heutigen Gesellschaft und auch in der manchmal etwas gottvergessenen und deshalb oberflächlichen Kirche gleichsam wie «trojanische Pferde», in deren Bauch freilich nichts anderes aufbewahrt ist als das lebendige Gottesbewußtsein und das aus ihm fließende Geheimnis der Wohnung Gottes in der Mitte seines Volkes.

Dem «trojanischen Pferd» auf dem Gerlisberg, der Kapuzinerinnengemeinschaft in der Stadt Luzern, danke ich heute ganz herzlich für seine fünfhundertjährige Präsenz in dieser Stadt und für seinen treuen Dienst, den Menschen immer wieder eine hilfreiche Antwort auf die menschliche Urfrage, wo denn Gott wohnt, gegeben zu haben. Das Kloster im Bruch und dann auf dem Gerlisberg hat mit seiner Präsenz immer wieder die schöne Antwort nicht nur verkündet, sondern vor allem gelebt, daß Gott ganz gewiß in der Höhe des Himmels wohnt, daß er aber seine Wahlheimat unter den Menschen und in der Mitte seines Volkes hat.

Eucharistische Wohnung Jesu Christi

Dieses Glaubenszeugnis ist den Kapuzinerinnen auf dem Gerlisberg zweifellos deshalb auf glaubwürdige Weise gelungen, weil – zumindest seit dem 19. Jahrhundert – im Mittelpunkt ihres geistlichen Lebens die Praxis der Ewigen Anbetung stand, die ihre Wurzeln im «Vierzigstündigen Gebet» hat, das in seiner Dauer der Grabesruhe Christi nachgebildet ist. Diese Praxis konkretisiert und verdichtet das Geheimnis der Wohnung Gottes unter den Menschen auf eine besonders sympathische Weise: Wie Menschen, die im Strudel der Zeit in Liebeserfahrungen Oasen der Ewigkeit erleben dürfen und deshalb wünschen, daß die Zeit stehen bleibt, auszurufen pflegen: «Verweile doch, o Augenblick, du bist so schön!», so bringt die Praxis der Ewigen Anbetung die Sehnsucht des Glaubens nach Oasen der ewigen Wohnung Gottes unter uns Menschen zum Ausdruck, wie sie im Geheimnis der Eucharistie ihre höchste Konzentration findet. Da in den eucharistischen Gaben die Eucharistie gleichsam kristallisiert weiterlebt, verkündet die Praxis der eucharistischen Anbetung die frohe Botschaft, daß Christus seiner Kirche unbeirrbar treu bleibt und daß die Eucharistie solange nicht aufhört, wie die Kirche lebt und glaubt.

Diese treue Erfüllung der Verheißung Jesu Christi im Glaubensbewußtsein der heutigen Kirche mit der schönen Praxis der eucharistischen Anbetung zu bewahren und zu verlebendigen, macht den unverwelkten Dienst der Klostergemeinschaft auf dem Gerlisberg aus. Dabei geht es um jenen bräutlichen Dienst, von dem in der heutigen Lesung die Rede ist, wenn der urchristliche Seher Johannes die Heilige Stadt mit einer Braut vergleicht, «die sich für ihren Mann geschmückt hat» (Offb 21,2).

Diesen Dienst hat die Klostergemeinschaft auf dem Gerlisberg in ihrer Geschichte auf eine besonders Herzliche Weise geleistet auch mit dem für die Kapuzinerinnen von St. Anna spezifischen Herz-Jesu-Rosenkranz, bei dem sie in die Andacht eine Betrachtung des

Leidens und Sterbens Jesu einfügten. Diese Frömmigkeitspraxis hat die Menschen von Luzern immer wieder bewogen, sich in besonderen Anliegen an die Schwestern auf dem Gerlisberg zu wenden und sie um ihr fürbittendes Gebet zu bitten, in innigem Vertrauen vor allem auf die Fürbitte der heiligen Anna, der Patronin des Klosters. Davon legen zahlreiche Dokumente beredtes Zeugnis ab. Schon im 17. Jahrhundert konnte beispielsweise eine Chronistin dankbar notieren: «So oft wir in irgendeiner Not zu ihr unsere Zuflucht nahmen, haben wir Hilfe gefunden. Unserer freigebigen Mutter Anna und ihrer unbefleckten Tochter Maria kann nicht genug Lob und Dank dargebracht werden.»[11]

Im stellvertretenden Gebet der Schwestern für die Anliegen der Menschen erblicke ich auch heute eine schöne Erfüllung jenes neuen Gebotes, das Jesus uns im heutigen Evangelium anvertraut: «Liebt einander! Wie ich euch geliebt habe, so sollt auch ihr einander lieben» (Joh 13,34). Mit ihrem Gemeinschaftsleben und mit ihrem Gebet sind die Schwestern auf dem Gerlisberg ein lebendiger Hinweis auf den Primat der Liebe Jesu Christi selbst zu uns Menschen. Denn nur wenn wir uns diese Liebe Christi zu Herzen gehen lassen, wird es auch uns möglich, die Menschen zu lieben.

Für diesen Liebesdienst danke ich den Kapuzinerinnen auf dem Gerlisberg aufrichtig. Ich beglückwünsche sie zu ihrer 500jährigen Bewohnung von Luzern, und ich hoffe, daß ihre Gegenwart auf dem Gerlisberg den Menschen von Luzern weiterhin ein Ort der Zuflucht und des Gebetes sei, an dem sie erfahren können, daß Gott selbst in ihrer Mitte wohnt. In der heutigen

Zeit, in der nicht nur die Armen auf der Flucht unter Wohnungsnot leiden, sondern in der auch die Reichen von der Unbehaustheit ihrer Seelen und von der Obdachlosigkeit ihrer Herzen angenagt sind, haben wir die Botschaft, die die Schwestern mit ihrem Gemeinschaftsleben verkünden, dringend nötig: «Seht, die Wohnung Gottes unter den Menschen!»

Die Welt als Kloster

Feier eines Klosterjubiläums[12]

Welchen Ort hat ein Kapuzinerkloster in einer modernen Stadt wie Olten? Ein Blick zurück in die vergangenen 350 Jahre zeigt, daß das Verhältnis von Kirche und Welt, von Kloster und Stadt vielfältige Veränderungen durchgemacht hat. Ursprünglich im Geist der Initiative des heiligen Karl Borromäus sind die Kapuziner in die Schweiz und so auch nach Olten gekommen, um den katholischen Glauben in einem reformatorisch gewordenen Umfeld zu schützen und zu erneuern. In der Zeit des Kulturkampfes wurden die Patres aber als intolerant verschrien und sahen sich dem freisinnigen Schlachtruf «Fort mit dem Kloster» ausgesetzt, den sie freilich überstehen konnten. In der jüngeren Vergangenheit vollzogen die Brüder des heiligen Franz eine großartige «Wende zu Gottes Weite». Dennoch fällt das 350jährige Jubiläum der Präsenz der Kapuziner in der Stadt Olten, das wir dankbar feiern dürfen, heute in eine Zeit, in der das Verhältnis zwischen Kirche und Welt selbst in der Wahrnehmung der Christen und Christinnen wieder sehr unsicher geworden ist.

Absonderung oder Anpassung?

Die Kirche ist heute zwischen einer fundamentalistischen Absonderung von der Welt und einer säkularistischen Anpassung an die Welt hin und her gerissen. Gerade in der heutigen Situation der Kirche ist die alternative Versuchung groß, entweder die Identität des christlichen Glaubens zu bewahren, ihn aber fundamentalistisch von der Welt abzusondern, oder den dialogischen Kontakt mit der Welt zu pflegen, dafür aber den Glauben der heutigen Welt anzupassen und seine Identität zu gefährden oder gar preiszugeben. Wie groß diese doppelte Versuchung in der heutigen Situation ist, läßt sich ablesen an den unfruchtbaren Grabenkämpfen, die wir heute zwischen geschichtslos gewordenen Anpassern und substanzlosen Progressisten auf der einen und unglückseligen Bewahrern und ebenso geschichtsvergessenen Traditionalisten auf der anderen Seite erleben.

«Der Traditionalist schaut mit nostalgisch-umflortem Blick in eine gute alte Zeit, die es nie gab. Der Progressist erträumt sich ein utopisches Morgen, das es nie geben wird. Beide versäumen das Heute.»[13] Mit diesen kernigen Worten hat der ehemalige Bischof von Innsbruck, *Reinhold Stecher,* die beiden Versuchungen in der heutigen Kirche treffend beim Namen genannt. Zugleich hat er damit präzis darauf hingewiesen, worauf es entscheidend ankommt, nämlich das Heute nicht zu versäumen. Darin sehe ich auch die Herausforderung, die das 350jährige Jubiläum des Kapuzinerklosters in der Stadt Olten an uns alle stellt. Die biblischen Lesungen zum heutigen Festtag können uns helfen, diese

Herausforderung wahrzunehmen und im Glauben zu bestehen. Denn zwischen der Lesung und dem Evangelium liegt eine große Spannung, der wir uns aussetzen und die wir auf keinen Fall vorschnell glätten sollten:

Im Evangelium von der Tempelreinigung zeigt Jesus demonstrativ, daß der Tempel sich von der Welt unterscheiden muß. Denn er ist das Haus seines Vaters und keine Markthalle, zu der ihn die damaligen Menschen gemacht haben. Deshalb ist Jesus erfüllt vom Eifer für das Haus seines Vaters und treibt mit einer prophetischen Zeichenhandlung die Kaufleute und Geldwechsler aus dem Tempel hinaus. Denn der Tempel soll als Haus des himmlischen Vaters erkennbar sein. Der Tempel ist die Wohnung Gottes auf Erden, weshalb er sich von der Welt unterscheiden muß. Dies gilt vor allem vom wahren und lebendigen Tempel, der der Leib Jesu Christi selbst ist. Darauf weist der Schluß des Evangeliums unmißverständlich hin: «Er meinte aber den Tempel seines Leibes» (Joh 2,21).

An diesem Tempel haben die Menschen Anteil, die auf den Namen Jesu Christi getauft sind und ihm nachfolgen. Paulus erinnert in der Lesung die Korinther an ihre größte Würde, die ihnen im Glauben an Jesus Christus zuteil geworden ist. Diese Würde besteht darin, daß sie «Gottes Tempel» sind und daß der Geist Gottes in ihnen wohnt. Dieser Tempel ist deshalb heilig. Es gibt wohl keine größere Wertschätzung der Schöpfung Gottes als die, die Paulus ausspricht. Damit zieht er die tiefste Konsequenz aus dem Geschehen der Menschwerdung des Sohnes Gottes. Wenn Gottes Sohn nämlich selbst Mensch wird, dann will er in dieser Welt seine Wohnung haben, um unter uns Menschen gegenwärtig sein zu können.

Licht der Welt und Salz der Erde

Darin besteht das weihnachtliche Kerngeheimnis des christlichen Glaubens, das im Mittelpunkt der Spiritualität des heiligen *Franz von Assisi* gestanden und das dieser großartige Glaubenszeuge in frischer Weise zum Leuchten gebracht hat. Als «Fest der Feste, an dem Gott an menschlichen Brüsten hing» hat Franz einmal Weihnachten bezeichnet. Wie wichtig für ihn gerade dieses Glaubensgeheimnis war, zeigt eine markante Episode in seinem Leben. Als Weihnachten einmal auf einen Freitag fiel, mahnte ein Bruder, daß man an diesem Tag kein Fleisch auftischen dürfe. Doch Franz hielt ihm entgegen: «Bruder, du sündigst, wenn du den Tag ‹Freitag› nennst, an dem uns das Kind geboren wurde. Ich will, daß sogar die Wände an einem solchen Tag Fleisch essen, und weil sie es nicht können, sollen sie wenigstens von außen damit bestrichen werden.» Eine solche Sprache kann uns Menschen heute entweder schockieren oder – angesichts des für viele bedeutungslos gewordenen Freitagsgebots – gleichgültig lassen. Verständlich ist diese Sprache ohnehin nur, wenn wir bedenken, daß sich Franz gegen kirchliche Gruppierungen wandte, die Gott und Welt in einen so großen Gegensatz treiben wollten, daß allein Gott gut, die Welt hingegen das absolut Schlechte ist, aus dem man nur ausziehen kann. Für Franz hingegen kann Gott «nicht weltlich und menschlich genug» sein[14]. Denn

Gott selbst hat sich in der Erschaffung der Welt und erst recht in der Menschwerdung seines Sohnes für die Welt entschieden.

Dieses Glaubensgeheimnis der liebenden Weltzuwendung Gottes sieht der heilige Franz vor allem konkretisiert in Maria, in der Gottes Sohn Wohnung genommen hat. Und dieses Geheimnis Mariens sieht er fortdauernd verwirklicht in der Kirche. Denn was damals Maria gewesen ist, muß heute die Kirche sein, nämlich die Wohnung und das Zelt Gottes unter den Menschen. Was in Maria «historisch» geschehen ist, muß sich in jedem Christen und jeder Christin gleichsam «mystisch» wiederholen. Denn alle Christen sind Erwählte Gottes, Mütter des Gottessohnes und Bräute des Heiligen Geistes. Dabei ist Franz überzeugt, daß, wenn jemand die Ehrenbezeichnung «Christ» verdient, es der Aussätzige ist. Er erscheint ihm geradezu als Sakrament, als ein heiliges Zeichen, unter dem Christus zu suchen und zu glauben ist, nämlich der «christus leprosus», der aussätzige Christus. Weil für Franz niemand heiliger ist als die Armen, kann er die Aussätzigen sogar «christliche Brüder» nennen.

Von daher erstaunt es nicht, daß für Franz auch das Kloster nicht den Abschied von der Welt bedeutet, sondern daß die ganze Welt zum Kloster wird. Seine kirchengeschichtliche Großtat bestand darin, daß er das Kloster von der Einsiedelei mitten in die Welt versetzte. Denn der Ort der Kontemplation, eben das Kloster, ist für ihn die Welt. Dies meinte Franz freilich nicht im Sinne einer billigen Anpassung der Kirche und des Klosters an die Welt, sondern im Sinne der lichtvollen Wohnung Gottes in der Welt. Deshalb wollte er jene beide Dimensionen der Sendung der Christen in der Welt ernst- und wahrnehmen, die das Evangelium mit zwei Bildern zum Ausdruck bringt. Jesus erwartet von seinen Jüngern und Jüngerinnen, daß sie «Licht der Welt» und «Salz der Erde» sind:

Das erste Bild vom *«Licht der Welt»* betont den notwendigen Kontrast der Kirche gegenüber der Welt und mutet ihr zu, Farbe zu bekennen, ihre eigene Physiognomie zu entwickeln und zu zeigen und auch gegen den modischen Zeitgeist mit prophetischer Stimme Stellung zu beziehen. Dazu hat der unvergeßliche katholische Theologe *Karl Rahner* die Kirche mit Recht herausgefordert, als er seine wohl tiefste Glaubensüberzeugung aussprach: «Ein Christentum, das kein Selbstverständnis eigener und mutiger Art hat und sich nicht mehr unterscheidet von der übrigen Welt, kann ‹einpacken›.»[15]

Demgegenüber akzentuiert das zweite Bild vom *«Salz der Erde»* den solidarischen Bezug der Kirche zur heutigen Welt. Denn wie das Salz nicht viel nützt im Küchenschrank, sondern erst wirksam wird in der Suppe, so nützt auch das Salz des Evangeliums nicht viel in der Sakristei der Kirche; es muß vielmehr in unmittelbaren Kontakt mit der Suppe der heutigen Welt gebracht werden, auch auf die Gefahr hin, daß die Suppe einmal versalzen werden könnte. Diese Gefahr scheint mir freilich in unseren Breitengraden nicht besonders groß zu sein. Unsere Versuchung besteht vielmehr darin, die Zumutung Jesu an seine Jünger, Salz der Erde zu sein, verharmlosend umzuinterpretieren in die Einladung, versüßende Saccharin-Pillen in der heutigen Welt zu sein. Das Christentum verkommt dann freilich zu einer reinen Bedürfnisbefriedigungsreligion und die Kirche zu einer religiösen Bedürfnisbefriedigungsanstalt.

Zeitgemäße Unzeitgemäßheit

In den Augen Jesu hat sich die Kirche in ihrem Verhältnis zur Welt immer als «Licht der Welt» und damit in deutlichem Kontrast zu ihr und zugleich als «Salz der Erde» und damit in solidarischem Bezug zu ihr zu erweisen und zu bewähren. Deshalb dürfen Kirche und Welt weder – fundamentalistisch – voneinander getrennt noch – säkularistisch – miteinander vermischt werden. Sie müssen vielmehr – gleichsam sakramental – miteinander vermittelt und zugleich voneinander unterschieden werden: «unvermischt und ungetrennt». Dieser Gratwanderung wird aber weder eine traditionalistische Festungskirche, die sich in der heutigen Welt fundamental bedroht weiß und sich deshalb zu einer Bastion auszubauen versucht, gerecht noch eine progressistische Anbiederungskirche, die auf eine möglichst grenzenlose Offenheit setzt und eine weitestgehende Unverbindlichkeit pflegt oder gar für verbindlich erklärt. Die Kirche ist vielmehr berufen und in die Pflicht genommen, eine zeitgemäße Verkündigung des stets unzeitgemäßen Evangeliums zu vollziehen.

Diese Sendung ist der Kirche auch und gerade in der heutigen schwierigen Situation zugemutet. Licht der Welt und Salz der Erde kann die Kirche aber nur sein, wenn sie dem heutigen Menschen gibt, was er dringend braucht, nämlich ein Obdach für die Seele. Der

Mensch braucht nicht nur ein Dach über seinem Körper, sondern ebenso über seiner Seele, zumal in der heutigen Welt, in der viele Menschen ihre seelische Obdachlosigkeit als bedrohlich erfahren. Welch größeres und schützenderes Obdach der Seele wäre aber denkbar als die Religion und damit die Erfahrung einer elementaren Geborgenheit in Gott?

Dies zu ermöglichen macht den Grundauftrag der Kirche in der heutigen Welt aus, die von einer radikalen Gotteskrise befallen ist, der eine ebenso gefährliche Menschenkrise auf dem Fuß folgt. Wenn nämlich gemäß der Überzeugung des christlichen Glaubens der Mensch das Ebenbild Gottes ist, das Gott hütet wie seinen eigenen Augapfel, dann nagt das Verdunsten des Gottesbewußtseins in der heutigen gesellschaftlichen Öffentlichkeit in einer gefährlichen Weise an der Würde des menschlichen Lebens. Die Symptome dieser Gefahr sind mit Händen zu greifen. Das deutlichste liegt in einer unausgewogenen Balance zwischen dem moralisch-rechtlichen Schutz von Sachen und Leben. Der Schutz für die Sachen ist erheblich eindeutiger geregelt als der Schutz für das Leben in seinen vielfältigen Variationen. Autos sind beispielsweise besser geschützt als die Ungeborenen und Sterbenden, und zwar so sehr, daß man den Wiener Pastoraltheologen *Paul M. Zulehner* verstehen kann, wenn er zu bedenken gibt, daß man in der heutigen Gesellschaft «das Glück haben müßte, als Auto zur Welt zu kommen»[16].

Mit diesen verhängnisvollen Entwicklungen aber geht es den Menschenrechten an den Nerv. Diese sind wirksam geworden auf dem Boden der christlichen Glaubensüberzeugung vom Menschen als dem unantastbaren Ebenbild Gottes. Deshalb stellt sich die besorgte Frage, ob und wie die Menschenrechte weiterhin wirksam bleiben können, wenn sie von diesem christlichen Boden losgelöst werden. Die in Amerika heute wieder neu diskutierte Frage, ob die Menschenrechte wirklich universal sind, und die in den europäischen Gesellschaften entfachte Euthanasiedebatte belegen den tödlichen Ernst dieser Frage.

Präsenz des Klosters als Präsent Gottes

Angesichts dieser vielfältigen Bedrohungen des menschlichen Lebens und seiner Würde in der heutigen Gesellschaft hat die Kirche keine wichtigere Aufgabe, als den lebendigen Gott zu verkünden und dem Menschen Geborgenheit im Geheimnis Gottes als Obdach der Seele zu schenken. Dazu ist in besonderer Weise ein Kloster in einer modernen Stadt berufen. Darum hat bereits der Schultheiß von Olten, *Mauriz von Staal*, gewußt, der im Jahre 1641 den Plan einer Niederlassung des Kapuzinerordens in Olten erwogen hatte. Denn er hoffte, daß mit einem Kloster «allhiesige Stadt und umliegende Landschaft ein große Erbauung und Seelentrost zu gewärtigen habe». Die Sprache dieser Hoffnung mag auf uns heute altmodisch klingen, sie trifft aber auch in ihrer Antiquiertheit den Kern des Geheimnisses der Gegenwart eines Klosters. Deshalb dürfen wir *Silja Walter* dankbar sein, daß sie dieselbe Hoffnung mit ihrem schönen Text über das «Kloster am Rande der Stadt» in unsere heutige Sprache übersetzt hat. Den tiefsten Sinn eines Klosters erblickt sie darin, daß jemand zuhause ist, wenn Gott kommt, daß jemand Gottes Abwesenheit aushält, ohne an seinem Kommen zu zweifeln, und daß jemand das Schweigen Gottes aushält und trotzdem singt.

Auch wenn in Olten Kapuziner und nicht Benediktinerinnen leben und auch wenn das Kloster in Olten nicht am Rande der Stadt, sondern in ihrer Mitte steht, ist damit doch der wahre Ort und die schöne Sinnbestimmung des Kapuzinerklosters in Olten treffend umschrieben. Dieses ist in seiner Geschichte eine Wohnung Gottes unter den Menschen gewesen, und es bietet auch heute Raum, damit Gott gesehen und erfahren werden kann. Einen solchen Ort braucht auch und gerade die moderne Stadt, um leben und atmen zu können. Ein Kloster in der Stadt ist deshalb berufen, sich als Oase der Gegenwart des lebendigen Gottes unter uns Menschen zu präsentieren. Daß dieses Gottesgedächtnis dem Menschen zugute kommt, haben die Kapuziner in Olten immer wieder dadurch bewiesen, daß sie die besondere Vorliebe Gottes für die Armen und Aussätzigen glaubwürdig zu leben versuchten. So waren sie Licht der Welt und Salz der Erde. Deshalb zogen sie nicht aus der Welt aus; sie versuchten vielmehr die ganze Welt zum Kloster, zum Ort der Erfahrbarkeit Gottes zu machen.

Diese Sendung erfüllen die Kapuziner auch heute. Wir haben allen Grund, ihnen aufrichtig zu danken, daß sie während 350 Jahren bis auf den heutigen Tag in der Stadt Olten präsent sind, und zwar im kleingeschriebenen und im großgeschriebenen Sinn des Wortes. Sie sind *«präsent»* und halten mit ihrer Gegenwart das Gottesgedächtnis wach. Gerade so sind sie aber für die Stadt Olten ein «*Präsent*», ein Geschenk, für das wir ihnen und vor allem Gott, dem sie dienen, dankbar sind. Wir wollen dieses kostbare Präsent damit verdanken, daß wir für Sie, liebe Söhne des heiligen Franz, beten, damit Sie auch heute die Welt daran erinnern, daß sie selbst berufen ist, zum Kloster, zum Heiligen Tempel Gottes zu werden und den Lobpreis der Herrlichkeit Gottes in seiner Schöpfung zu singen. Amen.

Leben in und aus der Gegenwart Gottes

Diamantene Profess[17]

An-Sehen von Gott her

«Es als ganz sicher wissen, daß Gott uns überall im Auge behält» und jedem tiefes An-Sehen schenkt, und sich dessen bewußt sein, «daß Gott vom Himmel aus immer, zu jeder Stunde nach ihm umsieht, und daß sein Tun und Lassen von Gottes Auge an allen Orten geschaut und von den Engeln zu jeder Stunde gemeldet wird»: Mit diesen ausdrucksstarken Worten hat der heilige *Benedikt* im vierten Kapitel seiner Regel den Kern der klösterlichen Existenz umschrieben. Von daher ist es ein schönes Zusammentreffen, daß wir am heutigen Fest des heiligen Benedikt, des großen Mitbegründers des christlichen Ordenslebens, der deshalb mit Recht «Vater des Abendlandes» und «Patron Europas» genannt wird, zugleich die Diamantene Profeß von sechs Schwestern im Kloster der Olivetaner-Benediktinerinnen in Heiligkreuz feiern dürfen. Denn mit diesem Leitsatz hat Benedikt das Leben im Kloster auf den Punkt gebracht: Klösterliche Existenz heißt Leben in und aus der Gegenwart Gottes in allem, und heißt vor allem, jene Gottesfurcht begreifen und jene Erkenntnis Gottes finden, die das Buch der Sprüche (2,1–9) als Inbegriff der Gottverbundenheit bezeichnet.

In diesem Leben in und aus der Gegenwart Gottes liegt nicht nur das Ein und Alles der benediktinischen Spiritualität, sondern auch der eigentliche Kern der Ewigen Gelübde, deren sechzigjährige Bewährung wir heute feiern dürfen und die mit dem klösterlichen Leben unlösbar verbunden sind. Denn ein auch nur kurzer Blick in die Ordensgeschichte eröffnet die überraschende Entdeckung, daß die heute im Vordergrund stehenden Gelübde der Jungfräulichkeit, der Armut und des Gehorsams erst spät aufgetreten sind. Sie sind genauerhin die Frucht einer Reflexion, die zwischen dem 9. und 13. Jahrhundert in den asketischen Werken über die Regeln der ersten Ordensgründer geleistet worden ist. Bis zu dieser Zeit legte man nämlich nicht ausdrücklich Gelübde ab, und zwar, wie *Pachomius* sagt, «aus Furcht, daß, was man freiwillig und frei praktizieren muß, nicht aus Hingabe, sondern wegen der Verpflichtung zu tun ist».

Das entscheidende monastische Gelübde, das man ablegte, war vielmehr ein einziges, das freilich vielfältige Wirkungen zeitigte. Es war das Bekenntnis zu einer Lebensweise, die die Gemeinschaftserfahrung aller Christen transparent machen wollte. Diese Handlung wurde damals «consecratio», «Weihe», genannt. Denn nach dem schönen Wort des heiligen *Augustinus* ist der Ordensmensch eine «Homo Dei nomine consecratus et Deo votus», ein Mensch also, der im Namen Gottes geweiht und Gott ganz verschrieben ist. In dieser Ganzhingabe an Gott liegt das letztlich einzige und umfassende Gelübde, auf dem das Ordensleben aufruht; und die drei Gelübde der Ehelosigkeit, der Armut und des Gehorsams fügen dem Ordensleben eigentlich nichts Neues hinzu. Sie haben vielmehr nur den einen Sinn, das entscheidende Grundgelübde der Ganzhingabe an Gott zu konkretisieren und zu verdeutlichen, um auf diesem Wege zu ermöglichen, Gott den Herrn und Meister über das Leben der Nonnen und Mönche in allen seinen Äußerungen sein zu lassen.

Lebendige Zeichen der Gegenwart Gottes

Auf dieses eine Grundgelübde müssen wir uns besinnen, wenn wir seine drei Ausfaltungen in den Ewigen Gelübden verstehen und vor allem leben wollen. Dann ergibt sich als erste Konsequenz: Ordensmenschen sind zunächst nicht erwählt, etwas Spezifisches zu tun, sondern vielmehr etwas Spezifisches zu sein. Sie sind zunächst nicht berufen, dies oder jenes zu tun; sie sind viel grundlegender berufen, in der heutigen Welt und auch in der gegenwärtigen Kirche ein prophetisches Zeichen für die Gegenwart Gottes zu sein. Der schöne Sinn des Ordenslebens liegt weniger in dem, was Ordensleute für die Menschen tun, als vielmehr in dem, was sie für die Menschen sind: Zeichen der Gegenwart Gottes und jenes tiefsten Lebenssinnes, den die Menschen auch heute bewußt oder unbewußt suchen.

Mit bestem Recht hat Papst *Paul VI.* die Ordensmenschen einmal «Spezialisten für Gott» genannt. Denn ihr besonderes Charisma besteht darin, exemplarisch vorzuleben, daß die Kirche es mit Gott zu tun hat und daß Gott in ihr lebendig ist, daß Gott in der Kirche vorkommen kann, ja daß die Kirche selbst eine «Epiphanie» Gottes ist. Ordensleute sind deshalb berufen, die Gegenwart Gottes in unserer Welt und im Leben der Menschen glaubwürdig darzustellen und zu bezeugen. Genau diese Gegenwart Gottes wird in der schwesterlichen und brüderlichen Gemeinschaft gelebt, in den öffentlichen Gelübden ausgedrückt und in die heutige Welt als prophetisches Zeichen eingebettet.

Solche lebendige Zeichen für die Gegenwart Gottes sind in der heutigen Zeit lebensnotwendig, in der das Gottesbewußtsein immer mehr zu verdunsten droht. Dieses Verblassen des christlichen Gottesbildes hat der katholische Theologe *Johann Baptist Metz* mit dem gewiß nicht schönen, aber treffenden Wort der «Gotteskrise» namhaft und in dieser Kurzformel festgemacht: «Religion ja – ein persönlicher Gott nein». Diese Gotteskrise findet heute zwar in einer sehr religionsfreundlichen Atmosphäre statt. Aber sie besagt in ihrem harten Kern, daß man sich einen Gott weithin nicht mehr vorstellen kann, der sich um den einzelnen Menschen kümmert und der in der heutigen Welt handelt. Dies bedeutet freilich nicht, daß die Menschen heute nicht mehr an Gott glauben würden, aber es handelt sich weithin um einen Gott, der mit unserem konkreten Leben letztlich nicht viel zu tun hat.

Die Menschen stehen heute in der großen Versuchung, mit der Wirklichkeit Gottes immer weniger zu rechnen und damit ihre Lebensrechnung ohne den eigentlichen Wirt – Gott – zu machen. Ein besonders deutliches Signal dafür ist die heutige Flut von Autobiographien und Memoiren, die den Buchmarkt überschwemmt. Deren verräterisches Kennzeichen besteht darin, daß in ihnen Gott zumeist überhaupt nicht vorkommt. Vielleicht drohen sie gerade deshalb von Selbstruhm überzufließen. Demgegenüber wäre die Autobiographie eines zumal benediktinischen Ordensmenschen ohne Gott überhaupt nicht vorzustellen. In seinen Memoiren – würde er solche schreiben – wäre Gott vielmehr die Hauptperson. Denn der Ordenschrist ist in besonderer Weise berufen, durch sein Leben ein sprechender Hinweis und beredter Fingerzeig auf die wirklichste Wirklichkeit Gottes zu sein.

Als Geheimnis Gottes leben

Das zweifellos deutlichste Zeichen für dieses unbedingte Setzen auf die Wirklichkeit Gottes ist das Gelübde der Ehelosigkeit. Dieses Zeichen beginnt allerdings nur zu sprechen, wenn es in sich selbst sinnvoll ist und deshalb keine Zwecke verfolgt. Denn die Ehelosigkeit braucht nichts anderes, um sich zu rechtfertigen. Sie findet ihren Sinn in sich selbst – vorausgesetzt, daß sie in ihrer ganzen Tiefe gelebt wird. Der eigentliche Dienst, den ehelos lebende Christen und Christinnen der heutigen Welt erweisen können, besteht deshalb darin, daß sie sich durch Ewige Gelübde binden, für Gott offen zu sein, und daß sie durch ihr Dasein den Menschen «beweisen», daß Gott so wirklich ist, daß er ein ganzes Leben auszufüllen vermag. Ordenschristen demonstrieren, daß, wie der heilige Benedikt zu sagen pflegte, dem Gotteslob nichts vorgezogen werden darf.

Die im Urteil der heutigen Welt unnormale Lebensform der Ehelosigkeit vermag so den Stachel im Fleisch der Welt aufrecht zu erhalten, daß man angesichts der Verheißungen des Glaubens im Leben auf ein Versprechen bauen darf, das bestimmt gehalten wird, nämlich das Versprechen einer maßlosen Erfüllung der maßlosen Sehnsucht des menschlichen Herzens durch Gott. Genau das Vertrauen auf die Einlösung dieses Versprechens nimmt beim ehelos lebenden Menschen eine äußerst konkrete und sichtbare Gestalt an. Es verbleibt nicht allein im verborgenen Inneren und ist nicht bloß Gegenstand eines verbalen Bekenntnisses, sondern ist eine Wirklichkeit, die der Ehelose in allen Phasen seiner Existenz zu leben versucht.

Die Lebensform der Ehelosigkeit bedeutet deshalb nichts weniger, als von Gott unbedingt angegangen und so von ihm in Beschlag genommen zu sein, daß man existenziell zur Ehe unfähig geworden ist. Schlicht darin liegt der demonstrative Seinswert der Lebensform der Ehelosigkeit, von der Kardinal *Suhard* einmal mit Recht sagte: «Zeuge sein besteht nicht darin, Propaganda zu machen, nicht einmal die Menschen aufzurütteln, sondern darin, ein lebendes Mysterium zu sein. Es bedeutet, so zu leben, daß unser Leben sinnlos wäre, wenn Gott nicht existierte.»

Versteht man die Ehelosigkeit als deutlichstes Zeichen des Gelübdes der Ganzhingabe an Gott, wird auch einsehbar, daß diese Lebensform nur gelingen kann, wenn auch die beiden anderen Gestalten der Nachfolge Jesu – Armut und Gehorsam – gelebt werden. Diese evangelischen Zumutungen verhalten sich nämlich wie drei Seiten eines einzigen Prismas und ergeben nur in diesem Dreiklang eine wohltuende Harmonie: Wer mit der Ehelosigkeit das Zeichen Abrahams an sich trägt, kann unmöglich trotzdem bei den Fleischtöpfen Ägyptens seßhaft bleiben. Solchen radikalen Glauben in der heutigen Kirche exemplarisch zu leben, darin liegt die Hauptberufung der Ordensgemeinschaften, wie wiederum ein kurzer Blick in die Geschichte zeigt: Es waren immer wieder Ordens- und Klosterkirchen, die die stehenden Gewässer der schläfrig gewordenen Pfarreien aufrührten, sie mit neuem Leben versorgten und sich die Freiheit herausnahmen, die Taufe konsequent zu leben. Denn die Taufe bedeutet für jeden Christen den Übergang des alten Menschen in der alten Gesellschaft zum neuen Menschen in der neuen Gemeinschaft Gottes.

Diskrete Gemeinschaft des Gebetes

Diese neue Gemeinschaft Gottes zeichnet sich dadurch aus, daß sie die Zumutung Jesu im heutigen Evangelium konsequent zu leben versucht, wonach der Größte werden soll wie der Kleinste und der Führende werden soll wie der Dienende (Lk 22,24–27). Es ist wiederum der heilige Benedikt, der diese evangelische Weisung Jesu konkret übersetzt hat mit dem Leben jener Kunst, die er «discretio» nennt. Diese Kunst meint genauerhin die Fähigkeit, im gläubigen Bewußtsein der Gegenwart Gottes sich auf jeden Mitmenschen sympathisch einzulassen, sich in ihn hineinzuversetzen und sich so weit mit ihm zu identifizieren, daß man ein Gespür dafür bekommt, was diesem guttut. So verlangt Benedikt vom Abt – und gewiß nicht nur von ihm –, daß er sich dem einzelnen «anpassen» und geradezu «anschmiegen» soll, um auf diesem diskreten Weg erkennen zu können, was für den anderen das Beste ist, statt ihn einfach abstrakten Normen zu unterwerfen. Denn Benedikt wünscht sich offensichtlich keine «Kopien» von abstrakten Normen; er wünscht sich vielmehr «Originale» im An-Sehen Gottes.

Es ist genau diese Ehrfurcht vor dem anderen Menschen als einem Original Gottes, die den von Jesus uns zugemuteten Dienst glaubwürdig macht. Denn in solchem Geist vollzogener Dienst will den anderen nicht an sich binden und ihn nicht versklaven, sondern respektiert die einmalige Originalität des anderen, in dem ebenfalls Gott als gegenwärtig erfahren werden kann. So kann Benedikt die Mönche auffordern, vor allem im kranken Menschen Christus selbst zu begegnen: «Die Sorge für die Kranken ist eine erste und höchste Pflicht. Man diene ihnen wirklich wie Christus.»[18] Aber auch die Gäste, die zum Kloster kommen, sollen wie Christus aufgenommen werden. Dies meint Benedikt so ernst, daß er vom Abt – und wiederum nicht nur von ihm – erwartet, er solle vor einem ankommenden Gast niederfallen und Christus in ihm anbeten.

Diese Wahr-Nehmung der Gegenwart Gottes im Leben des Mitmenschen kann freilich nur gelingen, wenn Ordenschristen ihre Nahrung immer wieder im Gebet suchen und finden. Denn das Leben in und aus der Gegenwart Gottes wird nirgendwo so handgreiflich wie im Gebet und noch radikaler in der Anbetung. Im Gebet vergewissern sich die Ordenschristen vor allem der Gegenwart Gottes in ihrem eigenen Leben und in der ganzen Welt. Eben deshalb fühlen sie sich berufen, niemanden aus dem Gebet auszuschließen, sondern alle in es einzuschließen. Stellvertretend für die Kirche und für die ganze Welt bitten Ordensgemeinschaften Gott und üben so ihren elementaren priesterlichen Dienst aus: Ordenschristen bringen mit ihrem Gebet die Welt vor Gott und Gott in die Welt hinein, damit die Welt nicht Gott-los und Gott nicht Welt-los wird. So leben sie die intimste Beziehung zwischen Kirche und Welt, die überhaupt denkbar ist. Deshalb bedeutet ihr Einzug in die Abgeschiedenheit einer klösterlichen Gemeinschaft keinen Rückzug aus der Welt in eine angeblich heile Welt des Klosters; sie nehmen ja die ganze Welt mit in ihr Gebet hinein. Dadurch zeigen sie, was wahre christliche Mystik in der Sicht des christlichen Glaubens ist. Diese flieht nicht aus der Welt, sie flieht vielmehr zusammen mit der Welt zu Gott und bringt sie vor ihm in die Sprache des Gebetes.

Dies gilt jedenfalls, wenn man das Ordensleben im Geist des heiligen Benedikt zu gestalten versucht und deshalb seinem geistlichen Motto nachlebt, daß Gott in allem verherrlicht wird. Die Verherrlichung Gottes geschieht nämlich in den Augen des heiligen Benedikt sowohl in der Arbeit als auch im Gebet: Ora et labora. Daß Sie, liebe Schwestern, die Sie heute Ihre sechzigjährige Profeß feiern dürfen, dies mit Ihrem Leben bezeugt haben und weiterhin bezeugen, dafür gebührt Ihnen heute unser aufrichtiger Dank. Getrost dürfen Sie die sechzig Jahre, die Sie aus der Hand Gottes empfangen haben, wieder in die Hand Gottes zurücklegen.

Wir sind Ihnen deshalb auch dankbar dafür, daß Sie für uns alle ein lebendiger Aufruf sind, auch unser Leben in und aus der Gegenwart Gottes zu gestalten. Vor allem sind Sie die personifizierte Einladung an die Schwestern in der benediktinischen Klostergemeinschaft von Heiligkreuz, sich weiterhin als Spezialistinnen für Gott und seine Gegenwart im Leben der Menschen zu präsentieren. Denn dies dürfen wir dankbar von einer Schwesterngemeinschaft erwarten, die im Geist und in der Tradition des heiligen Benedikt ihr Leben gestaltet. Daß es Ihnen in Fülle beschieden sei, mit dem heutigen Benediktsfest und der Feier der Diamantenen Ordensprofeß weiterhin etwas sehr Gutes anzufangen, dazu entbieten wir Ihnen von Herzen unsere besten Segenswünsche.

Klösterlich-österliche Zeugenschaft

Feier der Äbtissinnenweihe[19]

«Reden ist Silber, Schweigen ist Gold.» Dieser bekannte Spruch aus der Volksweisheit ist gewiß in vielen Belangen nicht nur angebracht, sondern auch wahr. Es gibt Momente und Situationen im Leben, in denen es besser ist zu schweigen als zu reden. Auf der anderen Seite kann es aber auch Augenblicke und Ereignisse geben, bei denen das Schweigen einem Ver-Schweigen von etwas sehr Wichtigem gleichkäme. Wer etwas Großartiges erfahren hat, kann nicht schweigen, er muß vielmehr reden. Hier trifft die Wahrheit eines anderen Spruches aus der Volksweisheit zu: «Wes das Herz voll ist, des geht der Mund über.» Wenn nämlich das Herz berührt ist, kann man nicht mehr schweigen, dann gilt es zu reden oder wohl besser zu bezeugen, was man gesehen und erfahren hat.

Zeugin seiner Auferstehung sein

Eine solche Situation begegnet uns in der heutigen Lesung: Im Namen Jesu und in der Kraft des Heiligen Geistes haben Petrus und Johannes einen von Geburt an gelähmten Mann im Tempel geheilt. Dieser hat sich Jesus angeschlossen, und die Menschen haben diese Heilung als Erweis der schöpferischen Lebendigkeit des Auferstandenen verstanden und sind «außer sich vor Staunen» gewesen (Apg 3,11). Dieses Staunen der Menschen ist für Petrus der willkommene Anlaß gewesen, auf dem Tempelplatz die Botschaft von Ostern zu verkünden. Deshalb sind Petrus und Johannes vor den Hohen Rat gebracht worden, der ihnen bei Strafe verboten hat, je wieder im Namen Jesu zu irgendeinem Menschen zu sprechen. Petrus und Johannes aber haben geantwortet: «Wir können unmöglich schweigen über das, was wir gesehen und gehört haben» (Apg 4,20). In der Tat: Wer die Wunder der Lebendigkeit und Lebenskraft des Auferstandenen erfahren hat und vom Ostergeschehen überzeugt ist, der kann nicht mehr schweigen, den drängt es vielmehr, das, was er gesehen und erfahren hat, zu bezeugen. Er muß zum Zeugen der Auferstehung werden.

Zeuge der Auferstehung sein, dies ist geradezu die grundlegende Eigenschaft eines jeden Getauften und einer jeden Getauften und besonders jener, die einen kirchlichen Dienst übernehmen. Bereits bei der Wahl des Matthias zum Apostel nennt Petrus diese alles entscheidende Anforderung: Er muß «mit uns Zeuge der Auferstehung» sein (Apg 1,22). Sie, liebe Mutter Äbtissin Lutgard, sind am Festtag des heiligen Matthias zur 19. Äbtissin des Klosters Eschenbach gewählt worden. Deshalb haben Sie sich das Anforderungsprofil, das Petrus für den zu wählenden Apostel nennt, zu eigen gemacht und zu Ihrem Wahlspruch für das schöne Amt der Äbtissin erhoben: «Zeugin seiner Auferstehung». Da Sie selbst mit Ihrem Wahlspruch Würde und Bürde einer Äbtissin deuten, ist es nicht nur ein schönes Zusammentreffen, daß wir Ihre Äbtissinnenweihe am Samstag der Osteroktav feiern dürfen. Damit scheint vielmehr auch der tiefere Sinn dessen auf, daß eine kanonisch rechtmäßig gewählte Äbtissin eine kirchliche Weihe empfängt, in der wir die Gnade Gottes auf die zur Leitung der klösterlichen Gemeinschaft erwählte Äbtissin herabrufen und mit der die Kirche den Dienst der Äbtissin als ein kirchliches Amt erkennt und anerkennt.

Das kirchliche Amt der Äbtissin ist für die klösterliche Lebensgemeinschaft im Geist des heiligen Benedikt grundlegend. Dies läßt sich bereits daran ablesen, daß Benedikt seine Regel mit einer einprägsamen Kurzformel für das klösterliche Zusammenleben von Schwestern oder Brüdern beginnt: «Sie leben in einer klösterlichen Gemeinschaft und dienen unter Regel und Abt.»[20] Der Abt oder die Äbtissin nimmt in einer Klostergemeinschaft im Geiste des heiligen Benedikt eine so zentrale Stellung ein, daß man seine Regel geradezu als «Abtsregel» bezeichnen könnte. Dies gilt zumal, wenn wir bedenken, welche Macht- und Entscheidungsfülle dem Abt oder der Äbtissin in der Regel eingeräumt wird. Auf der anderen Seite aber ist der heilige Benedikt ein so guter Menschenkenner, daß er in seiner Regel keinen Zweifel darüber aufkommen läßt, daß Macht im Kloster wie in der Kirche überhaupt nichts anderes sein kann und darf als Dienst, und daß er den Abt unablässig an die Kontrolle seiner Rechenschaft beim Jüngsten Gericht erinnert. Hier liegt denn auch der Grund, daß die Regel unverkrampft damit rechnet, daß der Abt auch falsch handeln kann, und daß folglich an keine Adresse so viele Warnungen ergehen wie an diejenige des Abtes.

Stellvertretung des Guten Hirten

Dahinter verbirgt sich nicht nur der große Realitätssinn Benedikts. Es wird vielmehr auch der schöne Sinn der Äbtissinnenweihe deutlich. Sie macht sichtbar, daß die Äbtissin ihren Auftrag und ihre Verantwortung nicht im eigenen Namen, sondern allein im Namen Gottes wahrnehmen kann. Denn die klösterliche Gemeinschaft ist nicht einfach eine Gemeinschaft im weltlichen Sinn. Sie ist in den Augen des heiligen Benedikt vielmehr berufen, als Haus Gottes in Erscheinung zu treten und zu leben. «Haus Gottes» aber ist ein altes Symbolwort für die Kirche überhaupt. Von daher kommt einer klösterlichen Gemeinschaft die Sendung zu, Kirche exemplarisch als Haus Gottes zu leben. Dies bedeutet vor allem, den Primat Jesu Christi als des Herrn und Eigentümers dieses Hauses anzuerkennen, weshalb Benedikt von den Mönchen sagen kann: «Christus sollen sie überhaupt nichts vorziehen. Er führe uns gemeinsam zum ewigen Leben.»[21]

Daß Christus, und zwar der österliche und auferstandene Christus, in der klösterlichen Gemeinschaft in allem den Vorrang habe, diese Perspektive durchzieht wie ein roter Faden die ganze Regel des heiligen Benedikt. Der auferstandene Christus ist die wahre Mitte der klösterlichen Gemeinschaft, von der her und auf die hin das ganze Haus Gottes angelegt ist. Ort, Zeit und das ganze Leben in diesem Haus werden von Ostern her organisiert und geregelt. Sei es das Gebet oder die Arbeit, sei es das Essen oder das Fasten, sei es das Jahr oder die Woche: alles soll sich an Ostern orientieren. Dieses wahrhaft christliche Programm bringen Sie, liebe Mutter Äbtissin, zum Ausdruck mit Ihrem Wahlspruch «Zeugin seiner Auferstehung». Als Äbtissin sind Sie in erster Linie berufen, im tiefen christlichen Sinn des Wortes die Ökonomin des Klosters zu sein, nämlich diejenige Schwester, die dem Haus Gottes, dem *oikos tou theou*, vorsteht und der klösterlichen Gemeinschaft gegenüber Christus vertritt, wie dies Benedikt vom Abt sagt: «Er vertritt im Kloster die Stelle Christi.»[22] Dies gilt von einer Äbtissin genauso wie von einem Abt. Angesichts der zweitausendjährigen Tradition unserer Kirche ist dies durchaus eine erstaunliche Aussage, daß die Äbtissin ihrer klösterlichen Gemeinschaft gegenüber Christus, den Auferstandenen und in seinem Geist Gegenwärtigen, vertritt und dazu geweiht wird.

Ihrer klösterlichen Gemeinschaft gegenüber vertreten Sie dabei Christus vor allem als den Guten Hirten, der zu seiner Herde sensibel Sorge trägt und sie beschützt, der sie durch sein Beispiel und seine Lehre führt und der für sie sein Leben einsetzt. Als sichtbares Zeichen für diese schöne und anspruchsvolle Aufgabe werden Sie, liebe Mutter Äbtissin, den Hirtenstab mit sich führen, der sie stets an Ihre große Verantwortung erinnert, Sorge zu den Schwestern zu tragen, die Ihnen anvertraut sind und für die Sie einst Rechenschaft ablegen müssen. Der Hirtenstab nimmt Sie als Äbtissin – wie auch mich als Bischof – in die Pflicht, das uns anvertraute Amt nicht als Herrschaft und Macht mißzuverstehen, sondern in der Nachfolge Jesu Christi und in seiner Stellvertretung als Hirtenamt auszuüben. In diesem Sinne werden wir im Weihegebet für Sie beten: «Laß sie erkennen, daß es ihre Aufgabe ist, nicht so sehr anderen vorzustehen als vorzusehen, was ihnen hilfreich ist.»

Äbtliches Vor-Stehen als hirtliches Vor-Sehen

Diese Formulierung geht auf den heiligen *Aelred* zurück, der in seiner «Oratio pastoralis» im Blick auf die ihm anvertrauten Brüder diese tiefen Worte an Gott richtet: «Du weißt, Herr, wie sehr ich sie liebe; du weißt, daß ich in meiner Zuneigung wünsche, mehr vorzusehen als vorzustehen, ihnen in Demut zu dienen und in Liebe bei ihnen zu sein als einer von ihnen.»[23] Dieses Gebet ist eine wunderschöne Umschreibung der Aufgabe einer Äbtissin. Das äbtliche Vorstehen verwirklicht und konkretisiert sich vor allem als hirtliches Vorsehen. Denn die Äbtissin ist das Einheit stiftende und garantierende Band der klösterlichen Gemeinschaft und stellt ihr gegenüber Christus als den Guten Hirten dar.

Ihnen, Mutter Äbtissin, ist damit die Aufgabe übertragen, die menschliche und geistliche Entfaltung jeder einzelnen Schwester zu unterstützen und zu fördern und dabei die verschiedenen Gnadengaben und Befähigungen so zu koordinieren, daß sie einander ergänzen und dem Wohl der klösterlichen Gemeinschaft dienen können. Darin erblickt die Regel des heiligen Benedikt geradezu den Tatbeweis echter Schwesterlichkeit in einer klösterlichen Gemeinschaft. Denn bewußt gelebte Schwesterlichkeit kann die Verschiedenheit der Menschen und der ihnen anvertrauten Dienste nicht nur verkraften; sie weiß sie vielmehr als Bereicherung zu schätzen. Und auf die Anerkennung dieser Verschiedenheit kommt es dem heiligen Benedikt entscheidend an. Deshalb erwartet er vom Abt und von der Äbtissin, daß sie Menschen führen und der Eigenart vieler dienen sollen: «Nach der Eigenart und Fassungskraft jedes einzelnen soll er sich auf alle einstellen und auf sie eingehen.»[24]

Mit solchem sympathischen Einfühlungsvermögen ist von der Äbtissin eine hohe Kunst erwartet, die freilich nur gelingen kann, wenn auch die Schwesternschaft im österlichen Geheimnis verwurzelt ist. Denn zu Schwestern werden die Mitglieder einer klösterlichen Gemeinschaft zutiefst dadurch, daß sie sich gegenseitig als Geschwister Jesu Christi, des Auferstandenen, anerkennen. Die Vaterschaft des Abtes oder die Mutterschaft der Äbtissin in der Stellvertretung Christi und die Schwesternschaft der Schwestern fordern und fördern sich deshalb gegenseitig. Die Mutterschaft der Äbtissin ist genauerhin der konkrete Ausdruck ihres zentralen Bemühens, als geistliche Begleiterin den ihr anvertrauten Schwestern das Leben in der Gegenwart des auferstandenen Christus zu vermitteln und zu erschließen. Deshalb setzt der heilige Benedikt voraus, daß die Äbtissin selbst ein geistlicher, und dies heißt auf den Auferstandenen hin durchsichtiger Mensch sein muß, der durch und durch aus dem Geist des Gebetes und in der prägenden Kraft des Wortes Gottes lebt.

Vor dem Wort Gottes, in dem Christus selbst gegenwärtig ist, werden alle gleich wertvoll und gleich wichtig als Schwestern. Dieses gemeinsame Hören auf das Wort des Auferstandenen verbindet und stiftet Gemeinschaft. Ordensleute werden dadurch zu Schwestern, daß sie sich hörend dem Wort Gottes stellen und darin lernen, dem Wort Gottes und so einander gehorsam zu sein. Denn klösterlicher Gehorsam setzt jene Gehörsamkeit voraus, die ein dialogisches Geschehen ist und die unser Landesvater *Bruder Klaus* in seinem berühmten Brief an Bern aus dem Jahre 1482 so formuliert hat: «Gehorsam ist die größte Ehre, die es im Himmel und auf Erden gibt. Darum sollt Ihr darauf achten, daß Ihr einander gehorsam seid.»

(Kl)österliches Zeugnis durch das Leben

Ja, *einander* gehorsam sein! Diese Worte von Bruder Klaus atmen durch und durch benediktinischen Geist. Denn einander gehorsam sind wir nur, wenn wir gemeinsam auf den auferstandenen Christus hören und nur das voneinander verlangen, was dem Wort Gottes gemäß ist. Deshalb betont die Regel des heiligen Benedikt nicht nur, daß der Abt oder die Äbtissin «nur lehren oder bestimmen und befehlen» darf, «was der Weisung des Herrn entspricht»[25]. Die Regel hebt vielmehr auch hervor, daß die Lehrerschaft der Äbtissin vor allem in ihrem vorbildlichen Leben besteht: «Sie mache alles Gute und Heilige mehr durch ihr Leben als durch ihr Reden sichtbar.»[26] Denn das glaubwürdige Zeugnis von der Auferstehung Jesu Christi vollzieht sich vor allem in einem österlichen Leben des Glaubens.

Was die Regel von der Äbtissin sagt, dies gilt für die ganze klösterliche Gemeinschaft. Sie ist berufen, mit ihrem gemeinsamen Leben Zeugnis für den auferstandenen Christus abzulegen. Dies vollzieht eine klösterliche Gemeinschaft vor allem durch ihr Dasein. Denn das Leben im Kloster mit dem für dieses charakteristischen Dreigestirn der evangelischen Losigkeiten – der Besitz-Losigkeit in Armut, der Macht-Losigkeit in Gehorsam und der Ehe-Losigkeit in Jungfräulichkeit – macht überhaupt nur Sinn vom Glauben an den Auferstandenen und in der Kraft seines Geistes gegenwärtigen Christus her. Ohne diesen Glauben wäre ein Kloster nichts anderes als ein extravaganter Verein, gleichsam ein Relikt einer seltsamen Vergangenheit in der aufgeklärten Moderne. Demgegenüber beweisen klösterliche Menschen allein durch ihr Dasein, daß der Auferstandene so wirklich und so gegenwärtig ist, daß er ein ganzes Leben auszufüllen vermag. Darin besteht im Kern die österliche Zeugenschaft des klösterlichen Lebens. Denn Zeuge sein bedeutet, selbst ein lebendiges Geheimnis zu sein und so zu leben, daß unser Leben sinnlos wäre, wenn Christus nicht als der Auferstandene leben würde.

Klösterliche Gemeinschaften sind so ein lebendiger Beweis für die Wahrheit von Ostern und für die Konsequenzen von Ostern für die Kirche, wie sie im heutigen Evangelium aufscheinen. Denn die Erscheinungen des Auferstandenen finden ihr wahres Ziel in der österlichen Zeugenschaft: «Geht hinaus in die ganze Welt, und verkündet das Evangelium allen Geschöpfen!» (Mk 16,15). In der Tat ist es nicht möglich, von der Auferstehung Jesu Christi Zeugnis zu geben, wenn man nicht zugleich mit seinem eigenen Leben Zeugnis ablegt über die Folgen der Auferstehung Jesu Christi in der Glaubensgemeinschaft der Kirche. Wie bereits die Tatsache, daß sich die Jünger Jesu nach dem Karfreitag wieder zum Gottesvolk sammeln, ein elementares Osterzeugnis war, so ist auch heute das überzeugte und überzeugende Leben einer österlichen Glaubensgemeinschaft das zweifellos schönste Auferstehungszeugnis.

Für diese österliche Zeugenschaft wollen Sie, liebe Mutter Äbtissin, sich selbst und Ihre Klostergemeinschaft in die Pflicht nehmen, wenn Sie Ihr Wirken unter den Wahlspruch stellen: «Zeugin seiner Auferstehung». Es ist deshalb wirklich mehr als ein schönes Zusammentreffen, daß wir Ihre Äbtissinnenweihe am Samstag der Osteroktav feiern dürfen. Und es ist ebenso kein Zufall, daß sich die Adjektive «österlich» und «klösterlich» sprachlich so gut reimen. Darin ist vielmehr Ihr entschiedenes Versprechen enthalten, im Zisterzienserinnenkloster Eschenbach exemplarisch Kirche als Haus Gottes zu leben. Darüber freue ich mich von Herzen, und ich wünsche Ihnen für Ihr Wirken als 19. Äbtissin Gottes begleitenden Segen. Gerne sehe ich in der heutigen Äbtissinnenweihe auch ein österliches Wunder, und ich bin überzeugt, daß wir alle nach dieser Feier wie Petrus und Johannes sagen werden: «Wir können unmöglich schweigen über das, was wir gesehen und gehört haben.»

Für dieses Zeugnis lebendigen Glaubens danke ich Ihnen, liebe Schwestern von Eschenbach. Ich danke Ihnen, liebe Mutter Äbtissin, für Ihre tiefe österliche Spiritualität und für Ihre Bereitschaft, die vom Kloster vollzogene Wahl anzunehmen und den Dienst der Äbtissin auszuüben, den ich mit Freude als kirchliches Amt in unserem Bistum Basel anerkenne. Vor allem danke ich dem auferstandenen Christus, der die Mitte Ihres klösterlichen Lebens ist und es stets bleiben möge. Amen.

«Mein Gott und alle Dinge»

Franziskanische Inspirationen für das Leben des Glaubens[27]

«Wer vom Glanz der geschaffenen Dinge nicht erleuchtet wird, ist blind; wer durch dieses laute Rufen der Natur nicht erweckt wird, ist taub; wer, von diesen Wundern der Natur nicht beeindruckt, Gott nicht lobt, ist stumm; wer durch diese Signale der Welt nicht auf den Urheber hingewiesen wird, ist dumm.»[28] Diese zwar nicht schmeichelhaften, aber präzisen Urteile fällte der mittelalterliche Theologe *Bonaventura*, der nicht zufälligerweise Franziskaner war und den der verstorbene Aachener Bischof *Klaus Hemmerle* als personifizierte «theologische Konsequenz des Franziskus» gewürdigt hat[29]. In dieser imponierenden Wegmarke einer christlichen Schöpfungsspiritualität leuchtet in der Tat eine der entscheidenden Inspirationen des heiligen Franz von Assisi auf, wie er sie in einem seiner schönen Gebete – «Mein Gott und alle Dinge»– selbst zum Ausdruck gebracht hat. Denn für Franz verstand es sich von selbst, daß, wenn man sich zu Gott bekennt, in dieses Bekenntnis auch die ganze Schöpfung miteinbezogen ist.

Gott in seiner Schöpfung wahr-nehmen

Im Glauben an Gott erhält jedes Ding der Schöpfung mit allen anderen Dingen einen inneren Zusammenhang, und es fügt sich ein in das All, das von Gott geschaffen ist. Deshalb werden alle Dinge zu Verkündern und Zeichen des lebendigen Gottes in der Welt. Diese Einstellung zur Schöpfung bildet den eigentlichen Mutterboden, auf dem der Sonnengesang des heiligen Franz erst möglich ist. Denn in der Schöpfung dem lebendigen Gott selbst zu begegnen macht die Mitte der franziskanischen Spiritualität aus. Wollte man einem alten Brauch im Orden der Karmeliter folgen, die dem Namen der Ordensmitglieder eine Beifügung zu geben pflegten, die auf ein bestimmtes Heilsgeheimnis hinweist, müßte man deshalb den heiligen Franz «Franciscus a Creatore» nennen: «Franz von Gott, dem Schöpfer».

In diesem gläubigen Sich-Einlassen auf die Schöpfung als Medium der Gottesbegegnung liegt eine wichtige Wegweisung des heiligen Franz auch für die Franziskanischen Gemeinschaften in der heutigen Welt. Denn nachdem in der Neuzeit die Naturwissenschaften und die Technik unaufhörlich gezeigt haben, wie man Gottes Schöpfung als der Herr-Schaft des Menschen unterworfene Natur verstehen und vor allem be-Hand-eln muß, liegt es heute in der besonderen Verantwortung von vom heiligen Franz inspirierten Gemeinschaften, umgekehrt darzutun, wie die Natur wiederum als Gottes Schöpfung zu betrachten und mit ihr zu leben ist.

Dazu braucht es aber die Rückbesinnung auf das Glaubensgeheimnis des Heiligen Geistes. Denn im Heiligen Geist ist Gott selbst in seiner Schöpfung gegenwärtig: Gott, der Vater, hat durch seinen Sohn im Heiligen Geist die Welt geschaffen. Deshalb existiert die ganze Schöpfung von Gott, dem Vater, her, durch Gott, den Sohn, in dem Gott selbst in seine eigene Schöpfung eingegangen und gleichsam selbst Geschöpf geworden ist, in Gott, dem Heiligen Geist, in dem Gott in jedem seiner Geschöpfe gegenwärtig bleibt.

Wenn hingegen unser Umgang mit der Natur von diesem Glaubensgeheimnis losgelöst wird, droht die Welt Gott-los und Gott Welt-los zu werden. Denn einer Welt, die nicht mehr als Medium der Offenbarung Gottes erfahren wird, die also im wahrsten Sinne des Wortes als Gott-los wahrgenommen wird, wird auf der anderen Seite ein als Welt-los erfahrener Gott entsprechen. In letzter Konsequenz wird dann der Mensch zum Herrn und Eigentümer der Natur hochstilisiert, wie *René Descartes* den Menschen am Beginn der Neuzeit definiert hat: «L'homme est maître et possesseur de la nature.»

Diese in der ganzen Neuzeit wirksam gewordene Definition des Menschen aber steht quer zur Botschaft Jesu, der seine Jünger und Jüngerinnen nachdrücklich auf die Sprache der Schöpfung verwies, der die Schöpfung zum Reden brachte und sie in den Ehrenrang einer Predigerin Gottes erhob. Jesus erblickte in der Schöpfung vor allem eine hervorragende Lehrmeisterin des Menschen, wenn er in der Bergpredigt sogar den Vögeln des Himmels und den Lilien des Feldes zumutet und zutraut, den Menschen radikales Vertrauen auf Gott zu lehren (Mt 6,25–34).

Geschöpflichkeit als Armut

In konsequenter Nachfolge Jesu, «des guten Hirten der Natur»[30], steht der heilige Franz. Ihn darf man deshalb als guten Hirten der Schöpfung Gottes verstehen. Und er ist es vor allem dadurch geworden, daß er sich selbst als Gottes Geschöpf verstand und seiner eigenen Geschöpflichkeit inne wurde. Den Tatbeweis dafür kann man darin erblicken, daß er gegenüber den häretischen Bewegungen seiner Zeit entschieden betonte, daß auch der Leib – «Bruder Esel» – von Gott stammt. Deshalb bejahte Franziskus den Leib, und er erblickte in ihm einen, wenn auch manchmal störrischen Bruder.

Sich selbst als Gottes Geschöpf zu verstehen, dies heißt vor allem, darum zu wissen, daß man nicht aus sich selbst lebt, sondern alles nur in der Art und Weise des Empfangens hat. Diese Glaubensüberzeugung von der Geschöpflichkeit des Menschen in seiner ganzen Tiefe auszuloten, darin liegt in der Sicht des heiligen Franz der wahre Sinn der Armut. Denn erst, wenn alles Gott gehört und dem Menschen nur in der Weise des Geschenkes zukommt, ist der Mensch wirklich arm. Armut ist deshalb für Franz nur ein anderes Wort für «Geschöpf sein» und ganz «Gott gehören». Dies leuchtet ihm bereits im Paradies auf. Die Armut gehört zur ursprünglichen Situation des Menschen, gleichsam zu seiner paradiesischen Existenz, zu der zurückzukehren der franziskanische Mensch berufen ist. Denn wer nichts zu eigen hat, kann ganz Gottes sein, bei dem steht nichts zwischen ihm und Gott und der kann gar nicht mehr ein raffender und besitzergreifender Mensch sein.

Geschöpf sein heißt Gott ganz gehören und Gott ganzheitlich lieben. Auf dieses «ganz» kommt es Franz entscheidend an, weshalb er in einem einzigen Satz zwölfmal das Wort «ganz» verwenden kann, genauerhin dreimal, um damit auszudrücken, daß der Mensch ganz und gar von Gott geschaffen ist, und neunmal, um zu sagen, daß der Mensch seinen Schöpfer ganz und gar lieben soll. Das Leben der Armut ist so ein existenzielles Bekenntnis zum Schöpfergott, der alles Gute, Wahre und Schöne schafft und der alles Sein und Leben schenkt. Weil dem Menschen letztlich nichts gehört, hat er sein ganzes Leben Gott zu verdanken, muß alles Leben Rückgabe und Antwort auf die Güte des Schöpfergottes sein und ist der Mensch berufen und verpflichtet, sein ganzes Leben zu einem einzigen eucharistischen Hochgebet verwandeln zu lassen.

Solches Leben der Armut ist die große Alternative des heiligen Franz und der Franziskanischen Familien heute angesichts jenes «Gotteskomplexes» des modernen Menschen, der es nicht mehr aushält, Geschöpf zu sein, der deshalb werden will wie Gott und der wähnt, die Verheißung der Schlange im Paradiesesgarten eingelöst zu haben: «Eritis sicut Deus» – «Ihr werdet wie Gott» (Gen 3,5). Diesen «Glauben» des modernen Menschen an seine eigene Allmacht hat der deutsche Sozialpsychologe *Horst Eberhard Richter* auf den Punkt gebracht: «Gott geht verloren, der Mensch will selbst Gott sein.»[31] Demgegenüber sind Ordenschristen und Ordenschristinnen in der Nachfolge des heiligen Franz berufen und verpflichtet, mit ihrem Leben der Armut ein glaubwürdiges Zeugnis von der eigenen Geschöpflichkeit abzulegen und dankbare Freude über die elementarste Tatsache unseres Lebens zu verbreiten, daß wir Geschöpfe Gottes sind und daß dies vollauf genügt.

Betlehemitische und eucharistische Demut

Gottes Geschöpf sein heißt arm leben. Doch damit noch nicht genug. Der tiefsten Inspiration des heiligen Franz wird man vielmehr erst ansichtig, wenn man erkennt, daß Franz die Armut erst in der Demut verwirklicht sieht. Dabei steht ihm in erster Linie die Demut Gottes selbst vor Augen. Und diese ist für ihn die größte Wohltat Gottes für den Menschen. Denn Gottes Geschöpf sein kann man nur, wenn Gottes Gegenwart im Leben des Menschen und in der ganzen Schöpfung eine Gegenwart der Demut ist. Nur Gottes demütige Gegenwart erdrückt und erwürgt den Menschen nicht, sondern würdigt ihn. Durch diese demütige Gegenwart Gottes wird der Mensch deshalb nicht kleiner, sondern größer.

Gottes Demut erblickt Franz von Assisi vor allem einerseits in der Menschwerdung des Gottessohnes in Betlehem und andererseits in der Feier der Eucharistie. Was sich historisch bei der Geburt Jesu ereignet hat, dies geschieht mystisch-sakramental in der Feier der Eucharistie: Während sich Gott in Betlehem in die Armut und Zerbrechlichkeit eines Kindes entäußert hat, entäußert er sich in der Eucharistie in die winzige Gestalt des Brotes. Über dieses Geheimnis der größtmöglichen Demut Gottes in der Eucharistie kann Franz nicht genug staunen, so daß in ihm auch poetische Saiten zum Klingen kommen:

«Der Herr des Alls
Gott und Gottes Sohn
Demütigt sich
Für unser Heil
Verbirgt Er sich
In der winzigen Gestalt des Brotes.»

Wer aus diesem demütigen Geheimnis der Eucharistie lebt, ist freilich auch berufen, dem demütigen Wesen Gottes zu entsprechen. Denn Demut will Demut; göttliche Demut ruft nach menschlicher Demut. Wenn Demut der Weg Gottes zum Menschen ist, muß auch Demut der Weg des Menschen zu Gott zu sein. Deshalb kann Franz weiter dichten:

«Seht die Demut Gottes
Schüttet vor ihm euer Herz aus
Demütigt auch ihr euch
Damit ihr von ihm erhöht werdet.»[32]

Von dieser Entsprechung zwischen Demut Gottes und Demut des Menschen her kann es nicht überraschen, daß Franz zwischen der historischen Geburt Jesu und der sakramentalen Feier der Eucharistie noch einen weiteren Vergleichspunkt wahr-nimmt. Was bei der Geburt der Schoß Marias war, sind in der Feier der Eucharistie die Hände des Priesters, die Christus empfangen und ihn den anderen austeilen dürfen. Denn in der sakramentalen Wirklichkeit der Eucharistie übernimmt der Priester die historische Sendung Marias. Franz deutet also die Aufgabe des Priesters in der Eucharistie ganz marianisch; und er tut es wohl deshalb, weil er das Leben des Christen und der Christin überhaupt marianisch sieht. Denn marianisch leben heißt, ganz aus der Gnade Gottes leben, genauerhin aus jener uns zuteil gewordenen Gnade, die wir, wie es in der heutigen Lesung (2 Tim 1,6–14) heißt, immer wieder entfachen sollen.

Allein die Gnade in der Kraft des Heiligen Geistes

In allem aus der Gnade Gottes leben ist der Inbegriff christlicher Armut und franziskanischer Demut. Und weil die Gnade Gottes im Mittelpunkt des Evangeliums steht, ist es für Franz eine ganz und gar frohmachende Botschaft, die ihn immer wieder motivierte, ein Lied auf den gnädigen Gott zu singen und eine Atmosphäre des Dankes, der Freude und des Lobes Gottes zu schaffen. Genau darin unterschied sich Franz himmelweit von der damaligen Moralpredigt der Waldenser und Katharer, die mit dem Drohfinger auftraten und eine Gerichtsatmosphäre verbreiteten, hinter der aber letztlich ein «Geist der Verzagtheit» stehen mußte. Demgegenüber lebte Franz aus dem «Geist der Kraft, der Liebe und der Besonnenheit» (2 Tim 1,7). In diesem Geist schämte er sich nicht, sich zu seinem Herrn zu bekennen und auch Umkehr zu fordern. Aber diese notwendige Umkehrforderung lag für ihn begründet im Evangelium vom gnädigen Gott, dessen Grundtenor Freude heißt.

Weil Franz ganz aus dem Prinzip der Gnade allein lebte, war es für ihn auch klar, daß die Gemeinschaft der Kirche nur in der Lebenskraft des Heiligen Geistes gedeihen kann. Ihm gab er denn auch in seiner Gemeinschaft die Ehrenbezeichnung «Generalminister». Wenn aber der Heilige Geist der wahre Führer der Minderbrüder ist, dann muß die Bruderschaft ein macht- und herrschaftsfreier Raum sein, in dem es nicht Befehlende und Untertanen gibt, sondern nur demütige Zuhörer und arme Diener. Um diese neue Form einer geistlichen Gemeinschaft auszudrücken, bezeichnete *Jakob von Vitry* die Franziskaner als «Heuschrecken», und zwar deshalb, weil sie keinen König haben, der ihnen auf ihren Wegen vorausgeht; «denn nur wenige oder niemand übertrifft sie in der Armut und in der Demut».

Armut und Demut machen in der Tat das Markenzeichen franziskanischen Lebens aus. Ich hoffe und wünsche den Franziskanischen Familien von Solothurn, daß sie sich weiterhin in der heutigen Kirche als «Heuschrecken» präsentieren, die mit ihrem Leben bezeugen, daß ihr Generalminister der Heilige Geist ist, und die deshalb keinen Geist der Verzagtheit an den Tag legen, sondern aus dem Geist der Kraft, der Liebe und der Besonnenheit leben. Allein in der Kraft dieses Geistes ist es möglich, Kirche zu gestalten und auch mit der sprichwörtlich gewordenen franziskanischen Freude an Gottes Schöpfung in allen Dingen den Schöpfergott selbst zu erkennen und ihm zu begegnen: «Mein Gott und alle Dinge»!

Aus diesem Kernsatz franziskanischer Spiritualität folgt von selbst jener neue Umgang mit der Schöpfung Gottes, den Franziskus exemplarisch gelebt hat, den wir heute dringend nötig haben, den zu verlebendigen die besondere Verantwortung von franziskanischen Gemeinschaften ausmacht und den der Franziskaner-Theologe *Bonaventura* in sein Schöpfungslob goß: «Öffne darum deine Augen, wende dein geistiges Ohr ihnen (sc. den Signalen der Welt) zu, löse deine Zunge und öffne dein Herz, damit du in allen Kreaturen deinen Gott entdeckest, hörest, lobest, liebest ...»[33] Amen.

«Größer als alle Namen» (Phil 2,9)

Ordensgemeinschaft im Namen Jesu[34]

Im Leben von uns Menschen spielen Namen eine große Rolle. Bereits vor der Geburt eines Kindes machen sich die Eltern Gedanken über den Namen, den sie dem Neugeborenen geben wollen, und welche Lebensperspektiven sie damit verbinden – gemäß dem Sprichwort: «Nomen est omen». Der Name begleitet den Menschen ein Leben lang. Bei seinem Namen wird er gerufen, mit seinem Namen ist er identifizierbar, und mit seinem Namen muß er seine Unterschrift geben. Immer wieder hoffen die Menschen dabei, bei denen zu sein, die «Rang und Namen» haben. Sie möchten zu jener Gruppe von Menschen gehören, die einen guten Namen haben. In dieser großen Bedeutung, die der Name im Leben eines Menschen hat, zeigt sich an, daß sich im Namen das Wesen einer Person ausdrückt.

Wie sollte es da bei Jesus anders sein? Auch im Mittelpunkt der Verkündigungstexte des heutigen Festes des Heiligen Namens Jesu steht die Namensgebung an Jesus von Nazaret. Freilich unterscheidet sich diese Namensgebung maßgeblich von den uns bekannten Namensgebungen. Denn erstens sind es nicht die Eltern, die Jesus den Namen geben. Es ist Gott selbst, der Jesus den Namen verleiht. Im Evangelium kündet der Engel des Herrn dem Josef im Traum an, daß Maria einen Sohn gebären wird und daß er ihm den Namen Jesus geben soll; «denn er wird sein Volk von seinen Sünden erlösen» (Mt 1,21). Vollends im urchristlichen Lied, das uns Paulus im Philipperbrief überliefert, ist es Gott selbst, der seinen eigenen Sohn über alle erhöht und ihm den Namen verliehen hat, «der größer ist als alle Namen» (2,9).

Dieser Name weist dabei eine spezifische Struktur auf. Denn «Jesus Christus» ist nicht einfach ein üblicher Doppelname wie Hans Maier oder Magdalena Fischer. Es liegt hier vielmehr eine Namensbildung vor, bei der zum Namen eine Würdebezeichnung hinzukommt wie beispielsweise auch bei Karl dem Großen, Ludwig dem Heiligen oder Johannes vom Kreuz. Wir sind deshalb gut beraten, wenn wir immer wieder ganz biblisch reden und sagen: Jesus, der Christus, oder Jesus ist der Christus Gottes. Mit diesem kleinen sprachlichen «Stolpereffekt» rufen wir uns immer wieder in die Erinnerung, daß zu dem Eigennamen des Jesus aus Nazaret seine entscheidende Funktionsbezeichnung hinzutritt und mit ihm unlösbar verbunden ist: Jesus ist der Christus, er ist der Gesalbte, er ist der Messias. Mit diesem Namen bekennen wir seine Heilsbedeutung für uns Menschen, seine Heilsfunktion auf uns Menschen hin, genauerhin daß wir seine Person und das Geheimnis seines Lebens, Sterbens und Auferstehens als ein Geschehen für uns und mit uns Menschen glauben.

Wenn wir diese eigentümliche Namensgebung ernst nehmen, kann unsere Antwort darauf nicht einfach das Zur-Kenntnis-Nehmen dieses Namens sein; sie muß vielmehr ein gläubiges Bekenntnis sein. Den Namen Jesus Christus kann man nicht aussprechen, ohne ein Glaubensbekenntnis abzulegen, wie der Philipperhymnus unmißverständlich zeigt. Denn wenn Gott Jesus Christus über alle erhöht und ihm einen Namen verliehen hat, der größer ist als alle Namen, dann hat diese Namensgebung eine klare Zielbestimmung und Sinnrichtung: «damit alle im Himmel, auf der Erde und unter der Erde ihre Knie beugen vor dem Namen Jesu und jeder Mund bekennt: ‹Jesus Christus ist der Herr› – zur Ehre Gottes, des Vaters» (2,10–11).

Den Namen Jesus Christus anrufen kann man folglich nicht ohne Kniefall vor diesem Namen. Doch Menschen, die vor diesem Namen in die Knie gehen, vollziehen diesen Kniefall vor niemand anderem als vor dem, der selbst, nämlich an Weihnachten, einen Kniefall vor den Menschen vollzogen hat. Wir gehen vor dem in die Knie, der zwar Gott gleich gewesen ist, aber nicht daran festgehalten hat, wie Gott zu sein, der sich vielmehr entäußert hat, wie ein Sklave geworden ist und den Menschen gleich: «Er erniedrigte sich und war gehorsam bis zum Tod, bis zum Tod am Kreuz» (2,8). Jesus Christus hat sich nicht nur ganz weit aus seinem himmlischen Fenster hinausgelehnt, sondern er hat sich ganz tief zu uns Menschen herniedergebeugt. Er ist vor uns auf die Knie gegangen, um uns auf gleicher Augenhöhe begegnen und uns in die Augen schauen zu können. Dies ist die großartige «Karriere nach unten», die Jesus Christus an Weihnachten vollzogen hat.

Der Philipperhymnus, der im Grunde ein Weihnachtshymnus ist, zeigt, daß Jesu Christi Menschwerdung im Kern eine «Knechtswerdung» ist. Diese seine «Karriere nach unten» steht freilich zur «Karriere nach oben» quer, die wir Menschen so gerne anstreben und vollziehen. Wir Menschen wollen gerne hoch hinaus. Christus aber geht ganz tief hinab. Er geht den untersten Weg. Deshalb durchkreuzt Christi «Karriere nach unten» unsere menschliche «Karriere nach oben». Sich diese Durchkreuzung gefallen zu lassen ist im Bekenntnis des Namens Jesu impliziert. Ja, sie ist der Inbegriff der Verehrung des Namens Jesus. Eben deshalb kann man diesen Namen nicht bekennen, ohne nun selbst in die Knie zu gehen und mit dem Mund zu bekennen: «‹Jesus Christus ist der Herr› – zur Ehre Gottes des Vaters».

Christusbekenntnis in kosmischer Liturgie

Wo vollzieht sich dieser Kniefall, mit dem wir den Namen Jesu Christi verehren? Der Philipperhymnus gibt auch auf diese Frage eine wegweisende Antwort. Denn er überliefert uns das zweifellos älteste Christuslied, das die frühen Christengemeinden in ihren liturgischen Feiern gesungen haben. Demnach ist der Gottesdienst der christlichen Gemeinde der privilegierte Ort, an dem die Verehrung des Namens Jesu Christi laut werden soll. Christliche Liturgie ist deshalb eine Feier, in der wir nicht uns selbst feiern, in der wir vielmehr feiern, daß Gott uns seinen Sohn Jesus Christus geschenkt hat und auch heute schenkt. Deshalb ist es noch nicht damit getan, daß wir uns im Gottesdienst «einbringen; Gott bringt sich selbst, und wir bringen uns vor ihn»[35].

Christlicher Gottesdienst ist sehr viel mehr als Selbsterfahrung und unendlich viel mehr als Selbstgenuß. Er ist im besten Sinn des Wortes Gottesgenuß. In der Liturgie genießen wir Gott und verehren den Namen Jesu Christi, und zwar um seiner selbst willen. Christlicher Gottesdienst hat deshalb nichts mit einer zu erbringenden Leistung vor Gott zu tun. Es geht weder um einen Gott geschuldeten Kult noch um einen Handel mit Gott, der von uns Menschen bestimmte Leistungen erfordern würde, um sie daraufhin zu belohnen. Dieses Verständnis hat zwar im Mittelalter angesichts der dominierenden Sünden- und Gerichtsangst eine große Rolle gespielt. Das heutige Fest aber ruft uns in die Erinnerung, daß christlicher Gottesdienst Feier des Glaubens ist, in der wir Gott als Schöpfer und Erlöser loben, und zwar absichtslos und damit ohne Hintergedanken an irgendeinen Nutzen. Christliche Liturgie hat deshalb «ihrem Wesen nach den Charakter des Festes»[36].

Diese Grundhaltung bringen wir vor allem zum Ausdruck im Gloria, in dem der aufschlußreiche Satz steht: «Gratias agimus tibi propter magnam gloriam tuam»: «Wir rühmen dich und danken dir, denn groß ist deine Herrlichkeit.» Im Gloria rufen wir uns singend in die

Erinnerung, daß wir Gott in erster Linie nicht dafür danken und ihn loben, was er für uns getan hat und auch heute tut. Nein, wir danken Gott und loben ihn einfach dafür, daß Gott ist und daß Gott Gott ist. Wir loben Gott, weil er da ist.

Darin spricht sich das Wesen der Liebe aus. Bereits zwischen Menschen erreicht Liebe erst dort ihr Ziel, wo sich Menschen nicht wegen irgendetwas, sondern um ihrer selbst willen lieben, und wo man nicht mehr froh ist über etwas, was man vom anderen Menschen hat, sondern froh ist einfach darüber, daß er ist. «Wie gut, daß es Dich gibt und daß es Dich so gibt, wie Du bist»: so spricht die sensible Sprache der Liebe. Um wieviel mehr gilt dies von der Liebe zu Gott, dem wir schlechthin alles verdanken! Im Gotteslob durchbrechen wir deshalb den ungnädigen Zwang des funktionalen Leistungsdenkens und beugen uns gerade nicht dem Diktat der bloßen Nützlichkeiten und Zwecke. Nein, wir loben Gott vielmehr um seinetwillen und erhalten gerade so freien Raum zum Atmen.

Wer im Gottesdienst Gott so absichtslos lobt, daß er ihn nicht mehr gebraucht, sondern genießt, der kommt freilich auch auf die Welt. Auch darauf weist unser Christuslied im Philipperbrief hin. Es verkündet, daß «alle im Himmel, auf der Erde und unter der Erde ihre Knie beugen vor dem Namen Jesu» (2,10). Damit kommt zum Ausdruck, daß die frühchristlichen Gemeinden den Namen Jesu Christi nicht einfach im vertrauten Insiderkreis verehrt haben. Sie haben vielmehr den Namen des Kyrios Christus verehrt, dem es um die Welt geht, weil seine Botschaft das Kommen des Gottesreiches ist. Christliche Verehrung des Namens Jesu Christi ist ein öffentliches Geschehen.

Damit wird deutlich, daß christlicher Gottesdienst seit seinem Anfang universale, ja geradezu kosmische Liturgie ist, in der die Welt und die ganze Schöpfung vorkommen. Im besten Sinne des Wortes ist christlicher Gottesdienst stellvertretendes Handeln. Wie klein auch eine christliche Gemeinde oder Ordensgemeinschaft sein mag, sie pflegt mit ihrem Gottesdienst nicht nur den eigenen – auch nicht den religiösen – Schrebergarten. Sie dankt und lobt Gott vielmehr stellvertretend für die ganze Menschheit, ja selbst für die stumme Schöpfung. Ihr verleiht sie ihre Stimme zum Gotteslob und zur öffentlichen Anrufung des Namens Jesu Christi. Im Gottesdienst kann sich das Interesse nicht in den eigenen vier Wänden erschöpfen, in ihm will vielmehr das Stöhnen der Schöpfung und das Schreien der leidenden Menschen wahrgenommen werden. Wir sind herausgefordert, auf den Geist zu hören, der sich «unserer Schwachheit» annimmt und selbst für uns eintritt «mit Seufzen, das wir nicht in Worte fassen können» (Röm 8,26).

Verehrung des Namens Jesu im Ordensleben

Der christliche Gottesdienst und die öffentliche Anrufung des Namens Jesu Christi wollen unsere oft genug vorhandene provinzielle Selbstgenügsamkeit sprengen, weil sie die ganze Welt miteinbeziehen. Dazu sind vor allem Ordensgemeinschaften berufen. In ihrem stellvertretenden Gebet bringen sie die ganze Welt vor

Gott, und sie bringen den lebendigen Gott in die Welt hinein, damit die Welt nicht Gott-los und Gott nicht Welt-los wird. Für diesen stellvertretenden und damit priesterlichen Dienst des Gebetes und für die öffentliche Verehrung des Namens Jesu Christi möchte ich Ihnen, liebe Schwestern im Kloster Nominis Jesu, ganz herzlich danken, zumal an Ihrem heutigen Festtag, den Sie in besonderer Weise feiern dürfen, weil der Name Ihres Klosters zugleich Ihr Ordensprogramm enthält: «Nominis Jesu». Hier gilt erst recht: «Nomen est omen.» Mit der Namensgebung Ihres Klosters bezeugen Sie, daß die Verehrung des Namens Jesu Christi Ihr Grundsatzprogramm ist. Auch der Name Ihres Klosters ist deshalb mehr als bloß ein Eigenname. Er ist zugleich eine Funktionsbezeichnung. Sie erblicken Ihre primäre Aufgabe darin, den Namen Jesu Christi in der Stadt Solothurn zu bezeugen und zu bekennen.

Dankbar dürfen wir dabei immer wieder spüren, daß Sie diese Aufgabe in erster Linie durch Ihr Ordensleben selbst wahrnehmen und uns damit die Augen öffnen für das eigentliche Geheimnis der Ordensexistenz. Denn Ordenschristen und Ordenschristinnen sind berufen, in der heutigen Welt und auch in der gegenwärtigen Kirche ein lebendiges, genauerhin namentliches Zeichen für den Namen Jesu Christi zu sein. Der schöne Sinn des Ordenslebens liegt weniger in dem, was sie für die Menschen tun, als vielmehr in dem, was sie für die Menschen sind: lebendige Zeichen der Verehrung des Namens Jesu Christi in der Welt. So sind Sie, liebe Schwestern, Zeugen für Jesus Christus und seinen unverwechselbaren Namen. Dieses Zeugnis legen Sie als Ordensgemeinschaft durch ihr Leben ab, für das der neue Name steht, den Sie bei Ihrem Klostereintritt erhalten haben.

Damit schreiben Sie der ganzen Kirche ins Stammbuch, daß ihr Heil und das Heil aller Menschen in Jesus liegt, den wir als den Christus Gottes bekennen. Diesen Namen in der gesellschaftlichen Öffentlichkeit von heute zu verkünden und zu verehren macht den Kern des Christseins aus: «In keinem anderen ist das Heil zu finden. Denn es ist uns Menschen kein anderer Name unter dem Himmel gegeben, durch den wir gerettet werden sollen» (Apg 4,12). Als Christen und Christinnen tragen wir diesen Namen. Dies ist eine große Ehre, die uns verpflichtet. Denn nun sind auch wir beim Namen gerufen, genauerhin bei jenem Namen, den wir in der Taufe auf Tod und Auferstehung Jesu Christi erhalten haben. Und wir sind in die Pflicht genommen, diesen Namen treu zu bewahren, indem wir Gott die Ehre erweisen und seinen Namen heiligen, wie wir im Herrengebet sprechen: «Geheiligt werde Dein Name!» Denn die Verehrung des Namens Jesu zielt immer auf die Verherrlichung des himmlischen Vaters: «‹Jesus Christus ist der Herr› – zur Ehre Gottes, des Vaters.» Amen.

Erscheinung des Lichtes Gottes in der Welt

Das Ordensleben im Licht von Epiphanie[37]

Große Ereignisse pflegen wir Menschen mehrmals zu feiern, damit wir uns ihnen ganz öffnen und uns ihre Wahrheit aneignen können. Das ganze Geheimnis von Weihnachten einem einzigen Tag aufzubürden wäre doch nicht nur zuviel für diesen Tag, sondern auch für uns Menschen, die diesen Tag feiern. Eine so gewichtige Last vermag ein Tag allein kaum zu tragen. Die Liturgie der Kirche hat deshalb mehrere Tage mit dem Weihnachtsgeheimnis bedacht: Weihnachten selbst, das heutige Fest der Erscheinung des Herrn und das Fest der Darstellung des Herrn. Alle diese drei Tage sind von der gleichen Symbolik getragen: vom Symbol des Lichtes. Jesus Christus wird uns als Licht der Welt und unseres Lebens verkündet – im Anklang an die alttestamentliche Verheißung: «Auf, werde Licht, Jerusalem, denn es kommt dein Licht und die Herrlichkeit des Herrn geht leuchtend auf über dir» (Jes 60,1).

Lichtvoller Text und finsterer Kon-Text

Mag dieser Text aus einer noch so weiten Vergangenheit ertönen, er wird uns auch heute unmittelbar aufhorchen lassen. Denn wonach würden wir Menschen uns mehr sehnen als danach, daß über unserem persönlichen Leben ein Licht leuchtet, und zwar ein starkes Licht, das die Finsternis vertreibt und das Leben erhellt? Epiphanie ist das befreiende Signalwort Gottes auf die tiefste Sehnsucht von uns Menschen. Denn es verkündet: Erscheinung des Lichtes Gottes in Jesus Christus für uns Menschen, Offenbarung der Herrlichkeit Gottes in Jesus Christus zum Heil der ganzen Welt.

Genau darin liegt der zentrale Kern des christlichen Glaubens überhaupt. Die erste Kirche hat deshalb mit Recht Epiphanie vor allem in der Auferweckung Jesu Christi aus dem Tod erfahren; und deshalb war Ostern für die ersten Christen das Hauptfest. Ein Weihnachtsfest gab es in der Urkirche noch nicht, wie sehr uns dies heute auch erstaunen mag. Da stand eindeutig Ostern im Mittelpunkt des Glaubenslebens. Denn im siegreichen und den Tod überwindenden Handeln Gottes an Jesus Christus in seiner Auferweckung haben die Christen Epiphanie erlebt: die Offenbarung der Herrlichkeit Gottes und das Erscheinen des göttlichen Lichtes.

Von der österlichen Auferweckung her fällt freilich Licht zurück auf den ganzen Lebensweg Jesu und letztlich auch auf seine Geburt. Dies ist Grund genug, voll Freude Epiphanie zu feiern. Wir feiern dieses Fest aber nur dann aus der Mitte unseres Glaubens heraus, wenn wir es im Vorschein von Ostern feiern: Im Vorschein der vollen Offenbarung der Herrlichkeit Gottes in der Auferweckung Jesu leuchtet auf, daß im Kind in der Krippe zu Betlehem das Licht Gottes selbst erschienen ist. Und diese Erscheinung der Herrlichkeit Gottes ist der zentrale Text unseres zweiten Weihnachtsfestes; und sein Stichwort heißt nochmals «Betlehem».

Muß man bei dieser Botschaft aber nicht arg ins Stocken geraten? Kann man heute so ohne weiteres von der Offenbarung des Lichtes Gottes reden? Sprechen da unsere Zeit und unsere Welt nicht eine ganz andere Sprache? Nicht nur vom Text des Epiphaniefestes kann deshalb die Rede sein, sondern es ist auch vom Kon-Text zu reden, von der Welt und von der Zeit, in die hinein der Text des Epiphaniefestes laut werden soll. Hier aber ist das Symbol oft genug nicht das Licht; sein Diabol heißt vielmehr Dunkelheit und Finsternis. Und das Stichwort heißt nicht «Betlehem», sondern «Sri Lanka», «Luxor», «Kenia», «Bosnien» usw.

Dieser dunkle Kontext ist freilich nicht neu. Bereits der Prophet Jesaja begründet seine Ankündigung des Lichtes des Herrn mit der realistischen Feststellung: «Denn siehe, Finsternis bedeckt die Erde, und Dunkel die Völker» (Jes 60,2a). Auch heute fällt das Fest der Erscheinung des Herrn in eine Situation von Finsternis und Dunkelheit. Das Fest der Offenbarung der Herrlichkeit Gottes wird gefeiert in einer Zeit, in der gerade sensible Dichter nicht vom Offenbarwerden, sondern vom Schweigen Gottes sprechen. Und diese Dichter verarbeiten damit nur, was viele Menschen spüren und bitter erfahren müssen. Daran dürfen gerade wir Christen nicht vorbeisehen. Das Epiphaniefest kann und darf auf keinen Fall an den Erfahrungen der Verborgenheit Gottes im Leben so vieler Menschen heute vorbeigefeiert werden.

Diese Erfahrungen sprechen heute eine deutliche Sprache – auch im Leben von Christen und Christinnen selbst in Ordensgemeinschaften. Auch wir kennen Erfahrungen der Verborgenheit und des Schweigens Gottes. Allzu oft mischen sich auch heute unzählige klagende und schreiende Stimmen in den weihnachtlichen Friedensgesang der Engel. Im persönlichen Leben der Menschen und in der Geschichte der Welt ereignet sich so oft nicht Epiphanie, Erscheinung des Lichtes Gottes, sondern herrscht tiefe Dunkelheit und schweigende Verborgenheit Gottes.

Tröstliches «Dennoch» Gottes

«Doch über dir geht leuchtend der Herr auf, seine Herrlichkeit erscheint über dir» (Jes 60,2b). Was Jesaja mit diesem tröstlichen «Dennoch» Gottes verheißen hat, wird an Epiphanie Wirklichkeit. Gerade in unseren dunklen Kon-Text hinein stellt das heutige Fest seinen befreienden Text mit dem Symbol des Lichtes und mit seinem Stichwort «Betlehem»: Im Kind in der Krippe leuchtet das Licht der Welt auf. Dies ist eigentlich eine ungeheure Anmaßung des Glaubens. Und es wird gut sein, wenn wir uns gleich zu Beginn des Neuen Jahres ehrlich fragen, ob wir Weihnachten wirklich als Fest des Lichtes Gottes erlebt haben oder bloß als kleine Aufhellung und als bescheidene Lichtung, um nachher um so tiefer wieder in die Finsternis unseres Lebens eintauchen zu müssen. War Weihnachten mehr als das schnelle Auftauchen einer Sternschnuppe am Himmel, die alsbald wieder verschwindet, und mehr als eine kleine Pause vom allgemeinen Schweigen Gottes?

Daß Weihnachten unendlich mehr ist, darin liegt die tröstliche Verheißung von Epiphanie: Von Ostern her verkündet dieses Fest, daß über unserem Leben ein endgültiges Licht aufgegangen ist und daß es in Betlehem gefunden werden kann. Diese befreiende Botschaft schulden wir Christen der heutigen Welt. Aber wie kann und soll diese Botschaft laut werden? Wie soll es bekannt gemacht werden, daß im Kind zu Betlehem das Licht Gottes selbst erschienen ist? Dies an dem unauffälligen und deshalb leicht zu übersehenden Kind in seiner Armut und Ohnmacht sichtbar zu machen ist furchtbar schwer. Einen genialen Weg aber hat der Evangelist Matthäus eingeschlagen. Er hat sich nämlich dafür ein Publikum geschaffen: die Magier, die aus dem Osten kommen, um das Kind anzubeten. Diese Magier haben bei Matthäus eine ähnliche Aufgabe wie die Hirten in der Weihnachtsgeschichte des Lukas: An ihrer Reaktion soll offenkundig werden, daß in diesem Kind Gottes Licht erschienen ist.

Die Botschaft von Epiphanie muß publik werden, und dafür schafft sich Matthäus ein Publikum. Denn was sich im Dunkel des Stalls zu Betlehem ereignet hat, muß ans Tageslicht unserer Welt kommen. Deshalb erzählt Matthäus die Geschichte von den Magiern, und mit ihnen zeichnet er letztlich auch uns. Denn von unserer Einstellung zum Geschehen in Betlehem wird es entscheidend abhängen, ob dieses Licht auch in unserem Leben wirklich aufgehen kann. Das Epiphaniefest lädt uns ein, uns auf diese Geschichte einzulassen, um gleichsam wie in einem Spiegel uns selbst zu betrachten und um uns Rechenschaft zu geben über unsere Einstellung zum weihnachtlichen Geschehen. In diesem Spiegel wird vor allem dreierlei deutlich.

Epiphanie als Spiegel des Christenlebens

Was als erstes besticht, ist die an sich schlichte Aussage der Magier: «Wir haben seinen Stern aufgehen sehen und sind gekommen, um ihm zu huldigen.» Die Magier sind gekommen. Denn sie wissen, daß ihnen das weihnachtliche Licht nicht einfach in den Schoß fällt. Weihnachten ist zwar die unableitbare Tat Gottes. Aber das weihnachtliche Licht drängt sich uns nicht auf. Es lädt uns vielmehr ein, es selbst aufzusuchen. Darum machen sich die Magier auf, nehmen den Weg unter ihre Füße und ziehen nach Betlehem. Denn nur wer sich aufmacht, wird den Stern von Betlehem zu Gesicht bekommen. Wer bei sich bleibt, in seinen eigenen vier Wänden eingeschlossen, wird das Licht nicht sehen können.

Gott selbst kommt zwar nach Betlehem. Dies ist seine sympathische Initiative. Aber Betlehem kommt nicht von selbst zu uns nach Solothurn. Da müssen wir schon selber initiativ werden und uns wie die Magier auf den Weg machen, um das Licht Gottes zu finden. Nun sind wir am Zug! Dabei wird es entscheidend darauf ankommen, wie und warum wir uns auf den Weg nach Betlehem begeben. Dies ist die zweite Erkenntnis, die uns die Geschichte der Magier eröffnen will.

Prinzipiell gibt es da nämlich zwei Möglichkeiten, die Matthäus auf der einen Seite in Herodes und auf der anderen Seite in den Magiern darstellt. Damit wird uns wiederum ein Spiegel vorgehalten, in dem wir unsere eigene Einstellung zum Kind in Betlehem selbstkritisch überprüfen können:

Herodes ist der Prototyp des verstockten Menschen, der sich für das neue Licht Gottes nicht öffnen will und sich dem Anspruch dieses Kindes in Betlehem verweigert. Gewiß spürte er die ungeheure Bedeutung der Geburt dieses Kindes. Denn es heißt von ihm, daß er erschrak. Aber sein Interesse bestand allein darin, seine eigene Macht und seinen Einfluß zu bewahren. Es ist nur zu verständlich, daß er diesem Kind nach dem Leben trachtet.

Ganz anders als Herodes aber stellen sich die Magier zum Kind in Betlehem ein: «Als sie den Stern sahen, wurden sie von sehr großer Freude erfüllt. Sie gingen in das Haus und sahen das Kind und Maria, seine Mutter; da fielen sie nieder und huldigten ihm. Dann holten sie ihre Schätze hervor und brachten ihm Gold, Weihrauch und Myrrhe als Gaben dar.» In Betlehem finden die Magier das Licht ihres Lebens, weil sie das Kind anbeten. Entsteht deshalb nicht da, wo die Magier dem Kind huldigen, eine ganz neue Gemeinschaft, gleichsam der Ursprung und der Vorschein der Kirche Jesu Christi, genauerhin jener Kirche, die auch und gerade die Ordensgemeinschaften mit ihrer Praxis der Anbetung so glaubwürdig leben? Und dafür möchte ich Ihnen herzlich danken. Denn was könnte die Kirche im Tiefsten anderes sein als die Gemeinschaft jener Menschen, die Gottes Kommen als Kind in unsere Welt glauben und es anbeten, in ihm den Sinn ihres Lebens finden und neue Menschen werden?

Neue Menschen werden! Genau dies ist der elementare Anspruch des Kindes in Betlehem auch an uns Christen heute. Und dies ist die dritte Einsicht, die uns die Geschichte von den Magiern eröffnen will: «Weil ihnen im Traum geboten wurde, nicht zu Herodes zurückzukehren, zogen sie auf einem anderen Weg heim in ihr Land.» Wer das Licht seines Lebens in Betlehem gefunden hat, der geht anders von dannen, als er gekommen ist, den führt vor allem kein Weg mehr zu Herodes zurück, der kann mit den Mächten des Bösen nicht mehr gemeinsame Sache machen, der wird vielmehr an Herodes vorbei den Weg der Nachfolge Jesu Christi gehen.

Weihnachtskonsequenzen heute

Die Erscheinung des göttlichen Lichtes in Betlehem will sich in unserem Leben fort- und übersetzen: Wie Gold, Weihrauch und Myrrhe zu Gaben auch des Abschieds der Magier von ihrem bisherigen reichen Leben geworden sind, das sie jetzt nicht mehr nötig haben, weil sie einen viel kostbareren Reichtum gefunden haben, so ist auch heute von uns eine Ganzhingabe gefordert, die in den drei evangelischen Räten, gleichsam in den Magiergeschenken der Ordenschristinnen, ihr prophetisches Zeichen gefunden hat. Und dieses Zeichen steht für die Grundhaltung des Kindseins Gott gegenüber, in der ich das Ordensleben nach den evangelischen Räten verdichtet finde. Denn es gibt mir immer wieder zu denken, daß Matthäus die Segnung der Kinder durch Jesus in den Zusammenhang einordnet, in dem Jesus in seiner Nachfolge die evangelischen Räte zumutet. Diese haben deshalb keinen anderen Radikalismus in sich als die evangelische Grundhaltung der Armut und Sanftmut, kurz des Kindseins vor Gott. Auch für dieses schöne Glaubenszeugnis bin ich den Ordensgemeinschaften sehr dankbar.

Die Botschaft von Epiphanie muß publik werden. Dafür hat sich Matthäus ein Publikum geschaffen: An der Reaktion der Magier soll deutlich werden, daß im Kind in Betlehem Gottes Licht erschienen ist. Doch nicht erst Matthäus hat sich in seiner Erzählung ein Publikum geschaffen. Gott selbst hat es zuvor an Weihnachten getan. Hier hat er sich ganz uns Menschen verschrieben und sein eigenes Geschick in die Hände von uns Menschen gelegt. Für ihn war Weihnachten nicht bloß eine schöne Episode, sondern für ihn hat Weihnachten bleibende Konsequenzen: Fortan soll sich die Erscheinung des Lichtes Gottes in dieser Welt durch uns Menschen ereignen.

Wir Christen feiern gerade deshalb jedes Jahr Epiphanie, damit durch unser Christenleben hindurch Gottes Epiphanie, Erscheinung des befreienden Lichtes Gottes geschehen kann, und zwar mit dem gleichen Notenschlüssel: So unscheinbar und unauffällig die Erscheinung des Herrn in Betlehem war, so gewöhnlich und unsensationell wird sich auch seine Epiphanie im Leben des Christen und der Gemeinschaft der Kirche heute ereignen. Deshalb braucht es auch hier die offenen Augen der Magier und die Bereitschaft, aufzubrechen und mobil zu werden. Und da beginnen unsere Weihnachtskonsequenzen ...

Herz-liche Einheit von Christusliebe und Caritas

Gelebtes Glaubenszeugnis einer Ordensgemeinschaft[38]

Vor Jahren gab es im Fernsehen eine Sendung, die sehr beliebt war, die von Robert Lembke moderiert wurde und die «heiteres Beruferaten» hieß. Der geladene Gast hatte dabei jeweils eine Handbewegung zu machen, die für seinen Beruf typisch ist und an der das Rateteam den Beruf des Gastes erkennen können sollte. Ich will nun während der Predigt keineswegs in die Nachfolge von Robert Lembke treten und mit Ihnen «heiteres Beruferaten» spielen. Mich treibt jedoch immer wieder die sehr ernste Frage um, welche Handbewegung wir Christen und Christinnen wohl ausführen würden, würden wir aufgefordert, eine Handbewegung zu machen, die für unseren Beruf des Christseins typisch ist. Was fiele uns da wohl ein?

Handbewegung der christlichen Berufung

Was mir bei diesem gedanklichen Experiment zuerst in den Sinn kommt, ist dies, daß das Rateteam es mit uns Christen und Christinnen wahrscheinlich arg schwer hätte. Da würden die einen wohl eine Handbewegung machen, die die innigste Frömmigkeit ihrer Gottesliebe zum Ausdruck bringt, vielleicht das Zeichnen des Kreuzes auf das eigene Gesicht. Und da würden die anderen wohl eine Handbewegung machen, die ihre Hinwendung zum Nächsten, ihre Nächstenliebe, ausdrückt, vielleicht das Suchen der Hand eines Mitmenschen. Wer sich in der heutigen Situation der Kirche etwas auskennt, wird zudem vermuten können, daß sich beide Gruppen einander ihre Handbewegung sogar noch gegenseitig streitig machen werden. Denn der größte Streit in der heutigen Kirche liegt genau in der Frage, ob die Gottesliebe oder die Nächstenliebe, ob Frömmigkeit oder Diakonie den Vorrang hat.

Von daher stellt sich die bedrängende Frage, ob unser Glaube denn keine Handbewegung bereithält, die beide Bewegungen, die Liebe zu Gott und die Liebe zum Nächsten, zu einer einzigen Bewegung zusammenfaßt und diese lebendige Spannung zwischen Gottesliebe und Nächstenliebe durchhält. Eine solche Handbewegung bietet uns das heutige Hochfest des Heiligsten Herzens Jesu an. Dabei spricht ja bereits das Symbol des Herzens für sich. Vor allem in der Sprache der Liebe gilt auch heute noch das Herz als Symbol für Ganzheitlichkeit, nämlich für die ganze Person des Liebenden und des Geliebten mit allen Emotionen und Gefühlsregungen. Und schon das menschliche Herz kennt zwei verschiedene Bewegungen, die aber unlösbar zusammengehören: In der systolischen Bewegung wird das Blut in den ganzen Blutkreislauf hinausgepumpt bis in die äußersten Verästelungen hinaus, wo es verbraucht wird. Danach wird das Blut in der diastolischen Bewegung zurückgeholt und in Herz und Lunge gereinigt und aufbereitet, um von neuem hinausgesandt zu werden in die Kreislaufbahn des Blutes. Nur wenn diese beiden Bewegungen zusammenstimmen, lebt der natürliche Blutkreislauf des Menschen gesund.

Der Blutkreislauf unseres Glaubens kennt dieselben zwei Bewegungen, die wir theologisch Sendung und Sammlung nennen, genauerhin die Sendung im Alltag des Lebens und die Sammlung zum Gottesdienst. Und auch hier gilt, daß beide Bewegungen zusammenstimmen müssen, wenn der Blutkreislauf des Glaubens gesund bleiben und ein Kreislaufkollaps vermieden werden soll. Deshalb ist auf der einen Seite die Gottesliebe Quelle und Höhepunkt der Nächstenliebe. Denn nur wer mit seinem ganzen Herzen Gott liebt, kann es letztlich fertigbringen, sich auf andere Menschen bedingungslos einzulassen und sie nicht zum Mittel der eigenen Selbstbehauptung zu machen. Auf diesen Vorrang der Gottesliebe weist uns der 1. Johannesbrief entschieden hin: «Wenn Gott uns so geliebt hat, müssen auch wir einander lieben» (1 Joh 4,11). Auf der anderen Seite ist aber auch die Nächstenliebe Zeichen und Werkzeug für die Gottesliebe: «Wenn wir einander lieben, bleibt Gott in uns, und seine Liebe ist in uns vollendet» (1 Joh 4,12) – mit diesen Worten formuliert unsere Lesung auch den tiefsten Kern der Nächstenliebe. Von daher ist es kein Zufall, daß gerade die heilige

Theresa von Avila in der selbstlosen Hingabe an den Nächsten das sicherste Kennzeichen der Echtheit der Gottesliebe erblickt hat. Denn «ob wir Gott lieben», so schreibt Theresa in ihrem Buch «Die innere Burg», dies «kann man nicht wissen», «aber ob wir unseren Nächsten lieben, das merkt man».

Doppelt-eine Herzbewegung

Weil man die Nächstenliebe merkt und ihr die Gottesliebe anmerkt, gehören Gottesliebe und Nächstenliebe unlösbar zusammen. Deshalb kann und darf der Glaube nicht auf einen rein zwischenmenschlichen Bereich verkürzt und die Sendung der Kirche nicht auf ein rein zeitliches Programm verengt werden. Ebenso kann und darf der Glaube nicht auf einen streng religiösen Bereich, auf Gottesdienst und Frömmigkeit, verkürzt werden, wie Papst *Paul VI.* in seinem Schreiben «Evangelii nuntiandi» energisch betont hat: «Die Kirche nimmt es nicht hin, daß ihre Sendung nur auf den Bereich des Religiösen beschränkt wird, als ob sie sich für die zeitlichen Probleme des Menschen nicht interessierte.»[39]

Gottesliebe und Nächstenliebe sind vielmehr die zwei Bewegungen des einen Herzens des Glaubens. Genau dies haben Sie, liebe Ingenbohler Schwestern, während Ihren 126 Jahren Präsenz an den Kantonalen Sonderschulen in Hohenrain mit Ihrem Leben und Wirken bezeugt. Als Kreuzschwestern haben Sie nie einen Zweifel daran gelassen, daß Sie Ihr Leben aus der Liebe des Herzens Jesu nähren, das vor allem am Kreuz als auf die Menschen hin geöffnetes Herz offenbar ist. Es ist deshalb ein sinnvolles Zusammentreffen, daß der Abschied der Ingenbohler Kreuzschwestern von den Kantonalen Sonderschulen von Hohenrain auf den Festtag des Heiligsten Herzens Jesu fällt. Denn dieses Hochfest ist gemäß einer Vision der Mystikerin *Margaretha Maria Alacoque*, der Jesus sein Herz gezeigt hat, nicht zufälligerweise auf den Freitag nach der früheren Fronleichnamsoktav festgelegt. Diese Datierung gibt den Schlüssel für den tieferen Sinn dieses Festes: Während Fronleichnam den Gründonnerstag nochmals aufnimmt, bezieht sich das Fest des Heiligsten Herzens Jesu auf den Karfreitag zurück, und es betrachtet die Passion Jesu am Kreuz gleichsam von innen her, nämlich aus der Gemütsbewegung des Herzens Jesu selbst.

Das heutige Fest will hinter dem Heilshandeln Jesu die es inspirierende herzliche Liebe Jesu aufsuchen. Weil Sie als Kreuzschwestern Ihr Ohr am Herzen Jesu haben und seinen Herztönen lauschen, genauso wie eine Mutter sensibel auf die Herztöne ihres neugeborenen Kindes achtet, deshalb haben Sie immer auch ein Herz für die Ihnen anvertrauten Kinder gehabt und viel Herzblut in die Arbeit mit behinderten Menschen investiert. Denn Sie haben Ihren Dienst an den behinderten Kindern immer als Nachvollzug der Caritas und der Diakonie Jesu Christi selbst am Leben der Menschen verstanden. Wenn nämlich der biblisch offenbare Gott in einer letztlich unbegreifbaren Weise ein Gott der Menschen ist – «für uns Menschen und um unseres Heiles willen vom Himmel herabgestiegen», wie wir im Credo bekennen –, dann sind auch wir als Christen und Christinnen berufen, unsere Gottesliebe in einer echten Liebe zu den Nächsten zu bewähren.

Herzblut für behinderte Menschen

Als Nächste haben Sie sich dabei jene Menschen ausgesucht, die die Lieblingsadressaten Jesu selbst gewesen sind und für die Jesus in seinem Gebet im heutigen Evangelium dem himmlischen Vater ausdrücklich dankt: «Ich preise dich, Vater, Herr des Himmels und der Erde, weil du all das den Weisen und Klugen verborgen, den Unmündigen aber offenbart hast» (Mt 11,25). Ich bin überzeugt, daß auch Sie, liebe Schwestern, bei Ihrem heutigen Abschied von den Sonderschulen in Hohenrain ein ähnliches Dankgebet an den Vater richten und wie Jesus sprechen können: «Ja, Vater, so hat es dir gefallen.» Denn weil Sie Ihr Herz am Herzen Jesu ruhen lassen, haben Sie in den behinderten Kindern nicht nur die Behinderung wahrgenommen, sondern sie vor allem als Menschen ernst genommen. Deshalb wußten Sie darum, daß Behinderte keine Sonderstellung wollen, daß sie vielmehr sein wollen, was sie sind, nämlich Menschen.

Mit Ihrer 126jährigen Tätigkeit in Hohenrain haben Sie, liebe Schwestern, ein schönes Zeugnis davon abgelegt, daß behinderte Menschen mit der genau gleichen Würde Menschen sind wie die nichtbehinderten. Für dieses Glaubenszeugnis bin ich Ihnen zu besonderem Dank verpflichtet, zumal es auch und gerade in der heutigen Zeit dringend notwendig ist, in der viele Anstrengungen unternommen werden, um behindertes

Leben von allem Anfang an zu vermeiden. Wenn aber unser Glaube vom Menschen sagt, daß er das gute Geschöpf Gottes ist, dann muß diese Aussage in gleicher Weise auch vom behinderten Menschen gelten. Umgekehrt wäre es eine Ausgrenzung vom christlichen Glaubensbekenntnis, wenn der behinderte Mensch insgeheim als «geschädigte Schöpfung» betrachtet würde. Dies wäre «Segregation vom Credo her»[40] und damit die Aufkündigung der unlösbaren Einheit von Gottes- und Nächstenliebe.

Gerade in der Begegnung mit und im uneigennützigen Dienst an behinderten Menschen haben Sie, liebe Schwestern, die Leitperspektive Ihrer Gründerin, Mutter *Maria Theresia Scherer* gelebt, «das Gold zu entdecken, das in jedem Menschen verborgen liegt». Und Sie haben erfahren dürfen, wieviel Gold gerade im behinderten Leben auffindbar ist. Indem Sie das Gold wahrgenommen haben, das in den behinderten Kindern wie ein Schatz verborgen ist, haben Sie von der unlösbaren Einheit von Gottes- und Nächstenliebe oder, wie es in der Festschrift heißt, von «Caritas und Religion» Zeugnis gegeben. Und Sie haben diese unlösbare Einheit immer wieder dort aufgesucht, von woher sie genährt wird, nämlich in der Feier der Eucharistie. Denn sie hält zusammen, was sich nicht trennen läßt: die dankbare Liebe zu Gott und die uneigennützige Liebe zu den Menschen.

Eucharistisches «Sursum corda»

In jeder Feier der Eucharistie vollzieht sich, was das Geheimnis des heutigen Festes des Herzens Jesu ist. In der Eucharistie dürfen wir dem liebenden Herzen Jesu begegnen, das offen ist für alle Menschen. Und wir dürfen ihm mit einem ebenso herzlichen Glauben antworten. Denn der Herzlichkeit Jesu Christi kann nur ein wirklich herzlicher Glaube entsprechen, der von Herzen kommt und zu Herzen geht. Hier liegt denn auch der tiefste Grund, daß der Liturge zu Beginn des eucharistischen Hochgebetes diesen Anruf an die versammelte Gemeinde richtet: «Erhebet die Herzen!» – «Sursum corda!»

«Sursum corda!»: Darin liegt geradezu die schönste Definition des Christen. Er ist nicht nur «sum», er ist vielmehr «sursum». Und weil er sein Herz zu Gott erhebt, hat er auch ein Herz für die ihm anvertrauten Menschen. Um aber sein Herzblut in den Dienst an den Menschen investieren zu können, muß er immer wieder am Herzen Jesu Christi ruhen und seine Herztöne in der Eucharistie vernehmen. In der Tat sind wir nur dann wirklich imstande, im Gesicht des Nächsten im Alltag Christus selbst zu entdecken, wenn wir ihn zuvor immer wieder in den armseligen und unscheinbaren Zeichen von Brot und Wein erkennen.

In diesem Sinne bietet sich uns die Eucharistie als jene Handbewegung unseres Glaubens dar, die wir dem Rateteam von Robert Lembke empfehlen könnten, die die unlösbare Zusammengehörigkeit von Gottesliebe und Nächstenliebe nicht nur gelungen zum Ausdruck bringt, sondern zugleich auch schenkt und die wir

Christen und Christinnen immer wieder vollziehen müssen, wenn wir in der Nachfolge Jesu Christi vorankommen wollen. Nicht zuletzt darin sehe ich das schöne Vermächtnis, das uns die Ingenbohler Schwestern bei ihrem heutigen Abschied von den Kantonalen Sonderschulen in Hohenrain hinterlassen. Und dieses Vermächtnis besagt, daß Diakonie bei aller harten Arbeit ein entschieden spirituelles Vorzeichen hat und haben muß.

Die Eucharistie bildet die Herzmitte Ihres Lebens und Wirkens, und sie muß es auch für die ganze Kirche bleiben. Denn ohne die Herz-Lungen-Funktion der Eucharistie kann die Kirche nicht leben. Von der Eucharistie her tritt denn auch die Kirche immer deutlicher als eine Herz-liche Kirche in Erscheinung, und zwar so, wie es dem heutigen Hochfest des Heiligsten Herzens Jesu entspricht. Deshalb können wir unseren Dank an die Ingenbohler Schwestern wohl kaum besser ausdrücken als mit einem herzhaften «sursum corda», auf das wir getrost antworten dürfen: «Habemus ad Dominum». Amen.

Das Kreuz Jesu und das Kreuz der Märtyrer

Glaubenszeugen in der Tradition des heiligen Mauritius[41]

Menschen kennen bevorzugte Orte, zu denen es sie immer wieder hinzieht, weil sie sich dort zuhause fühlen und um ihre Identität wissen. Sei dies der Geburtsort, sei dies die Trauungskirche oder sei dies der Platz, an dem sich zwei Menschen zum ersten Mal in die Augen geschaut haben: Solche Orte spielen im Leben der Menschen manchmal eine bedeutsame Rolle. Auch Gott selbst kennt einen solchen Ort, an dem er von uns Menschen immer wieder gesucht und gefunden werden will. Dieser Ort bezeichnet ein Stück unserer menschlichen Geschichte, nämlich das Kreuz Jesu Christi auf Golgotha. Wenn wir das wahre Gesicht Gottes ausfindig machen wollen, sind wir eingeladen und herausgefordert, uns immer wieder an diesen Ort zu begeben.

Das «Kreuz» mit dem Kreuz

Mit diesem Ort tun sich freilich Christen und Christinnen heute schwer. Viele Menschen und selbst Christen bekunden große Mühe mit der Kreuzesbotschaft des christlichen Glaubens. Kein Glaubensgeheimnis wird heute so sehr in Zweifel gezogen wie die Botschaft vom Kreuz Jesu Christi und seiner versöhnenden Kraft. Man kann geradezu von einem «Kreuz» mit dem Kreuz reden, das viele Menschen und Christen mit dem Ort Gologotha haben. Der Freiburger Psychologe *Franz Buggle* dürfte wohl vielen aus der Seele reden, wenn er hinter der Kreuzesbotschaft des christlichen Glaubens ein «archaisch-inhumanes Gottesbild» wittert und den Christen unterstellt, daß sie nicht einmal wissen, was sie glauben. Denn dieses Gottesbild bedeute im Kern, daß es von Gott her keine Versöhnung geben könne, ohne daß Blut vergossen werde. Wie aber verträgt sich diese «Vorstellung eines gekränkten, durch menschliche Missetaten beleidigten, zürnenden und strafwilligen Gottes», der durch Opfer und Blut wieder versöhnt werden muß, mit der christlichen Botschaft von einem die Menschen liebenden Gott, der sich vor allem in der mitmenschlichen Liebe Jesu geoffenbart hat?[42]

Dieses große Problem mit dem Kreuz Jesu Christi zieht ein weiteres Problem nach sich, nämlich dasjenige mit den christlichen Märtyrern. Denn wer mit dem Kreuz Jesu Christi im Konflikt liegt, muß erst recht verständnislos gegenüber jenen Glaubenszeugen stehen, die das Wort Jesu von der Kreuzesnachfolge wörtlich genommen und das Zeugnis ihres Glaubens mit dem Leben bezahlt haben. Es ist freilich auch der umgekehrte Zusammenhang festzustellen: Dort, wo man in der Botschaft vom Kreuz Jesu Christi Trost und Halt findet, dort stehen auch die christlichen Märtyrer hoch im Kurs, und dort werden sie verehrt.

In St. Maurice und da vor allem in der Abtei der regulierten Chorherren des heiligen Augustinus wird die Verehrung des heiligen Mauritius und seiner Gefährten bis auf den heutigen Tag aufmerksam gepflegt. Nehmen wir deshalb das heutige Fest des heiligen Mauritius zum Anlaß, uns auf sein Glaubenszeugnis einzulassen und zu versuchen, von ihm her einen neuen Zugang zur Kreuzesbotschaft des christlichen Glaubens zu finden. Denn im Leben des heiligen Mauritius wird sichtbar, daß er und seine Gefährten sich ihren Glauben etwas haben kosten lassen. Sie waren bereit, einen hohen Preis für die Treue zu ihrem Glauben zu bezahlen.

Kostbarer Preis des Glaubens

Als Offiziere im Heere des Maximinianus wurden Mauritius und seine Gefährten zum gewaltsamen Vorgehen gegen Christen aufgefordert. Sie aber verweigerten den grausamen Befehl und erklärten, sie könnten und würden solchen Weisungen nicht gehorchen. Als Maximinianus seine Hoffnung aufgeben mußte, die Standfestigkeit des Mauritius und seiner Gefährten erschüttern zu können, gab er den Befehl, aufgrund eines einzigen Urteils alle hinzurichten und zur Vollstreckung von allen Seiten zahlreiche Truppen heranzuziehen: «So wurden alle mit dem Schwert enthauptet, ohne daß sie sich widersetzten. Sie legten ihre Waffen freiwillig nieder und hielten den Nacken ihren Henkern hin.» Mit diesen Worten endet der Bericht des Eucherius von Lyon über das Martyrium des heiligen Mauritius und seiner Gefährten. In diesem Bericht aus dem fünften Jahrhundert wird vor allem ein Dreifaches deutlich:

Mauritius stand erstens unerschrocken zu seiner Glaubensüberzeugung. Er hatte keine Furcht «vor denen, die den Leib töten, die Seele aber nicht töten können», wie es im heutigen Evangelium (Mt 10,28) heißt. Der heilige Mauritius erweist sich als glaubwürdiger Exeget der Zumutung Jesu im heutigen Evangelium: «Fürchtet euch nicht!» Diese Zumutung spricht Jesus in der Überzeugung aus, daß Furcht, und zwar Ehrfurcht, sich nur Gott gegenüber geziemt. Und diese Überzeugung hat Jesus konsequent gelebt. Wenn aber die Gottesfurcht der Anfang der Weisheit ist, dann müßte man die Menschenfurcht als Anfang der Dummheit bezeichnen. Vor den Menschen keine Furcht zu haben ist deshalb letztlich nur möglich, wenn man im Geheimnis Gottes tief verwurzelt ist und wenn man in dem abgrundtiefen Vertrauen lebt, daß sogar die Haare auf unserem Kopf allesamt gezählt sind. Wenn man auf Gottes Treue unbedingt vertrauen kann, verliert man die Menschenfurcht und wird frei, seinen Glauben unerschrocken zu bezeugen. Dies hat der heilige Mauritius glaubwürdig vorgelebt.

Am Ende des Martyriumsberichtes heißt es zweitens, daß Mauritius und seine Gefährten ihre Waffen freiwillig niederlegten und den Nacken ihren Henkern hinhielten. Da der Nacken eine der verwundbarsten Stellen des Menschen ist, muß man in dieser Geste den Akt der Gewaltlosigkeit schlechthin erblicken. Mauritius und seinen Gefährten wurde befohlen zu töten. Sie aber weigerten sich und ließen lieber sich selbst töten, als daß sie andere töteten. Damit gaben sie ein glaubwürdiges Zeugnis von der Gewaltlosigkeit Gottes selbst, wie sie am Kreuz Jesu in ihrer radikalsten Tiefe offenbar geworden ist. Denn das Kreuz Jesu zeigt uns, daß der Gott Jesu kein Blut will, daß sein Heilswille aber darin besteht, daß der Gute Hirte selbst dann nicht von seiner liebenswürdigen Suche nach dem Verlorenen abläßt, wenn die bösen Kräfte in den Menschen voll entbrennen und sogar den Hirten selbst treffen. Am Kreuz Jesu praktiziert deshalb Gott selbst die von Jesus den Menschen zugemutete Feindesliebe in letzter Konsequenz.

Das Lebenszeugnis des Mauritius zeigt uns drittens, daß Gewaltlosigkeit gerade nicht Ausdruck menschlicher Schwäche ist, sondern starke Menschen voraussetzt, und zwar genauerhin im Glauben starke Menschen. Im Glauben stark zu sein ist aber wiederum nur in der Grundhaltung eines radikalen Gottvertrauens möglich. Im Vertrauen auf Gott verlor Mauritius sogar die – menschlich gesehen – nur allzu berechtigte Angst vor dem Tod. Seine Bereitschaft zum Martyrium erweist sich so als die letzte Konsequenz seines überzeugten Glaubens. Von daher fällt wiederum neues Licht auf den Kreuzestod Jesu. Auch sein Kreuzesopfer ist zu verstehen als die letzte Konsequenz seines befreienden Handelns. Jesus ist gekreuzigt worden, weil er in seiner leidüberwindenden Praxis vorbehaltlos

Gott als Feind des Leidens und als Freund des Lebens zum Tragen gebracht hat. Damit hat er sich den Haß jener zugezogen, die nicht selten Gott mißbrauchen, um andere Menschen zu knechten. Jesu Kreuzestod ist so der kostbare Preis seiner treuen Zuwendung zu uns Menschen.

Die «Dornen» des christlichen Glaubens

Furchtlosigkeit, Gewaltlosigkeit und Kompromißlosigkeit: dies sind die drei bestechenden Merkmale, die uns das Martyrium von Mauritius und seiner Gefährten an den Tag bringt. Dieses macht aber auch das Geheimnis des Kreuzes Jesu sichtbar. Das Kreuz Jesu und – in seiner Nachfolge – das Martyrium des Mauritius stellen deshalb auch uns heute die Frage nach den Konsequenzen unseres Christseins: Was lassen wir uns unseren Glauben kosten? Und welchen Preis sind wir für unseren Glauben zu bezahlen bereit? Dies ist im Kern die Frage, zu der wir am heutigen Fest in neuer Weise herausgefordert sind. Dies ist eine für das Christentum lebenswichtige Frage, zumal in der heutigen Zeit, in der wir immer wieder in der Gefahr stehen, unseren Glauben so sehr an die Selbstverständlichkeiten der Gesellschaft anzupassen, daß er uns nirgendwo mehr weh tut. Ein Glaube aber, der nicht mehr weh tut, vermag letztlich auch nicht mehr zu trösten.

In einem Restaurant las ich unlängst dieses Sprichwort: «Die Rose wäre längst ein Gemüse, wenn sie keine Dornen hätte.» Dabei ging mir der Gedanke durch den Kopf, daß es sich mit unserem Glauben in der heutigen Gesellschaft ähnlich verhält wie mit der Rose. Auch er würde sehr bald zu verwertbarem Gemüse verarbeitet, wenn er keine Dornen hätte. Ohne Dornen wäre nämlich die Verkündigung des Glaubens nur noch die Wiederholung dessen, was der heutige Mensch auch ohne das Evangelium schon weiß. Und ohne Dornen verwandelte sich die Kirche zu einer bloßen Anbiederungskirche, die auf eine möglichst grenzenlose Offenheit, auf weitgehende Unverbindlichkeit und auf Billigstangebote in der Glaubenspraxis setzt, so daß die kirchliche Glaubensgemeinschaft gleichsam zu einer «church light» verkäme. In seiner wahren Schönheit kann demgegenüber der christliche Glaube nur aufleuchten, wo auch seine dornige Widerspenstigkeit wahrgenommen wird, wie sie vor allem von den Märtyrern repräsentiert wird.

Ein kurzer Blick in die Kirchengeschichte zeigt jedenfalls, daß das Vergessen der Märtyrer immer das fieberhafte Anzeichen einer gefährlichen Verbürgerlichung des Christentums gewesen ist. Deshalb gibt es auch umgekehrt keinen besseren Weg, ein authentisches Christsein zu verlebendigen und zu leben, als unsere Märtyrer in die Erinnerung zu rufen. Darin besteht die schöne Herausforderung des heutigen Gedenktages. Das Gedächtnis des heiligen Mauritius führt uns deshalb in die Kernmitte unseres Glaubens, wie sie Jesus im heutigen Evangelium ausspricht: «Wer sich vor den Menschen zu mir bekennt, zu dem werde auch ich mich vor meinem Vater im Himmel bekennen» (Mt 10,32). Denn Christ sein kann man nur in der Bereitschaft zum Lebenszeugnis für Jesus Christus und in der Bereitschaft, die Konsequenzen auf sich zu nehmen, die sich von selbst einstellen, wenn man dieses Zeugnis authentisch und glaubwürdig ablegt.

Ökumenische Gemeinschaft im Kreuz

Die Erinnerung an die Märtyrer wird uns so zu einer elementaren Hilfe, uns auf den Grund und den Preis unseres Christseins zu besinnen. Diese Erinnerung bietet aber auch eine hilfreiche Wegweisung bei einer weiteren großen Notwendigkeit in der heutigen Zeit, nämlich für die ökumenische Versöhnung zwischen den verschiedenen christlichen Kirchen. Darauf hat Papst *Johannes Paul II.* in seiner Enzyklika über die Ökumene «Ut unum sint» mit Recht hingewiesen. Er sieht die zu erreichende ökumenische Kirchengemeinschaft am tiefsten in der Gemeinschaft der vollendeten Märtyrer verwurzelt, genauerhin in der Gemeinschaft derjenigen, «die sich nach einem Leben in Treue zur Gnade in der Gemeinschaft mit dem verherrlichten Christus befinden». Da die Märtyrer aus «allen Kirchen und kirchlichen Gemeinschaften» kommen und da sie nicht den voneinander getrennten Konfessionen gehören, sondern dem gekreuzigten und erhöhten Herrn der ganzen Christenheit, haben wir trotz unserer noch bestehenden Trennungen bereits heute ein «gemeinsames Martyrologium»[43]. Das Blut der Märtyrer aber ist der Same der einen und ungeteilten Kirche von morgen.

Auch in ökumenischer Hinsicht dürfen wir uns am heutigen Mauritiusfest freuen. Es weist uns den Weg in eine bessere ökumenische Zukunft, die nur in der gemeinsamen Rückbesinnung auf das Kreuz Jesu Christi und auf seine Zumutung der Kreuzesnachfolge möglich ist. Begeben wir uns gemeinsam zum Ort Golgotha, braucht es nicht weiterhin ein «Kreuz» mit dem Kreuz zu geben. Vielmehr geht uns dann das Kreuzzeichen als das wahre Identitätszeichen von uns Christen und Christinnen in neuer Weise auf, an dem wir mit Recht von den heutigen Menschen erkannt werden können sollen, und zwar nicht nur im Raum des Gottesdienstes, sondern auch und vor allem auf dem Areopag unseres alltäglichen Lebens.

Jetzt aber feiern wir Eucharistie, die sakramentale Vergegenwärtigung des Kreuzesopfers Jesu Christi. Wir feiern die Selbsthingabe Jesu Christi am Kreuz, um uns selbst in seine Opferbewegung hineinnehmen zu lassen, um unsere Selbsthingabe im Alltag unseres Lebens vorzubereiten und um uns dort als lebendige Hostie den Menschen zur Verfügung zu stellen. Dazu helfe uns der lebendige Gott auf die Fürsprache des heiligen Mauritius. Und er segne die Abtei der regulierten Chorherren des heiligen Augustinus in St. Maurice in ihrem Bemühen, das Glaubenszeugnis des Märtyrers Mauritius in der heutigen Kirche und Welt wachzuhalten und durch ihr Leben zu bezeugen, daß Christus auch heute uns alle in seine Kreuzesnachfolge ruft.

Treuhänder der großen Währung des Evangeliums

Heilige Menschen und ihre Ermutigung zur kompromisslosen Nachfolge Jesu Christi[44]

Vor Jahren hatte ich auf dem Münchner Hauptbahnhof ein Erlebnis, das mir bis heute in der Erinnerung geblieben ist. Ich kam mit dem Zug in München an und wollte mit der U-Bahn weiterfahren. Dabei stand ich irritiert vor dem Billetautomaten; denn ich fand in meinem Portemonnaie nur große Noten, aber kein Kleingeld, um ein Billet lösen zu können. Es ist eigenartig: Mit 90 Pfennig hätte ich mein Ziel spielend leicht erreichen können; die Hunderternoten hingegen ließen mich völlig im Stich. Ich mußte zunächst die große Währung in Kleingeld wechseln, um mein Ziel erreichen zu können. Hier hat sich einmal mehr die alte Weisheit bestätigt, daß weniger mehr gewesen wäre. Geht es uns Christen aber nicht auch in unserem Glauben und Christsein immer wieder ähnlich? Wir bemühen uns, gute Christen und Christinnen zu sein, und suchen dazu mit Recht Kleingeld im Evangelium und in der kirchlichen Verkündigung. Doch diese halten uns so oft nur große Noten bereit, mit denen man kein Billet für die Glaubensfahrt im Alltag lösen kann. Auch hier wäre weniger manchmal mehr.

Gottes große und vernünftige Währung

Ganz große Währung ist es jedenfalls, die uns das heutige Evangelium bereithält mit den Weisungen Jesu zur Feindesliebe und zur Überbietung dessen, was uns entgegenkommt oder uns angetan wird, mit dem Guten (Lk 6,27–38). Dies sind harte Zumutungen an uns. Denn in unserem alltäglichen Leben scheint es natürlich und selbstverständlich zu sein, das Gegenteil zu tun. So oft pflegen wir das Böse mit Bösem zu vergelten und das Ping-Pong-Spiel von Gewalt und Gegengewalt zu üben. Freilich wissen wir aus eigener Erfahrung, daß wir damit keinen Schritt weiterkommen, schon gar keinen Schritt zu mehr Frieden und Versöhnung. Die Eskalation von Gewalt und Gegengewalt ist dann vielmehr an der Tagesordnung.

Enthält die Zumutung Jesu deshalb nicht allzu große Währung für uns? Wer muß nicht ehrlicherweise eingestehen, daß ihm genau dies immer wieder furchtbar schwerfällt, dem Bösen nicht mit dem Bösen zu begegnen, sondern das Böse mit der Überbietung des Guten aus den Angeln zu heben? Statt das Böse mit dem Guten zu überwinden, kultivieren wir Menschen so oft den Teufelskreis der Wiedervergeltung und der Rache, und zwar in unserem persönlichen Leben wie in den zwischenmenschlichen Beziehungen: «Wie du mir, so ich dir!» Nach diesem Vergeltungsprinzip funktioniert nicht nur die milliardenschwere Aufrüstung von Staaten und Nationen, sondern auch die gegenseitige Aufrüstung in so vielen Ehen und zwischenmenschlichen Beziehungen. Darin besteht das fatale Denken und Handeln in den Kategorien von Rache und Wiedervergeltung.

Von diesem gefährlichen Krebsgeschwür und seinen vielfältigen Metastasen im alltäglichen Leben will uns Jesus aber befreien, wenn er uns zumutet, Böses nicht mit Bösem zu vergelten, sondern mit dem Guten zu überwinden. Genauerhin mutet uns Jesus zu, den circulus vitiosus, nämlich den Teufelskreis des Bösen, mit dem circulus virtuosus, nämlich mit dem Engelskreis des Guten, zu überwinden. Und diese Befreiung beginnt damit, daß Jesus von seinem himmlischen Vater erzählt als von einem Gott, der die Kategorien von Rache und Wiedervergeltung weit von sich weist. Deshalb begründet Jesus seine Zumutungen mit der noch radikaleren Zumutung, daß wir barmherzig sein sollen, «wie es auch euer Vater ist». Sind wir damit aber nicht erst recht und vollends überfordert? Oder könnte es umgekehrt sein, daß wir diese elementare Zumutung Jesu nur deshalb als Überforderung empfinden, weil wir den Anspruch Gottes, der immer aufs Ganze geht, nicht wahr-nehmen und ihn deshalb auch nicht für vernünftig halten können?

Der Anspruch Gottes, der aufs Ganze geht, erweist sich aber, tiefer gesehen, als höchste Vernunft. Dies zeigt sich daran, daß der Evangelist Matthäus Gottes Barmherzigkeit dahingehend präzisiert und begründet: «Gott läßt seine Sonne aufgehen über Bösen und Guten, und er läßt regnen über Gerechte und Ungerechte»

(Mt 5,45). Darin besteht das höchst vernünftige und souveräne Schöpfungsregiment Gottes. Denn Gott handelt so, weil er nicht einfach auf das Verhalten der Menschen reagiert. Er erweist sich in diesem Sinne nicht als reaktionär. Gott ist und regiert seine Welt vielmehr im eminentesten Sinne souverän: Er läßt sich das Gesetz seines Handelns und seines Regimentes nicht vorschreiben, weder von der Güte noch von der Bosheit der Menschen, weder von ihrer Gerechtigkeit noch von ihrer Ungerechtigkeit. Er macht sich vielmehr unabhängig davon und behält das Gesetz seines Handelns in der eigenen Hand.

Mit dem Leben bezahlte Währung Gottes

Diese vernünftige Barmherzigkeit Gottes mutet Jesus auch uns heute zu. Dabei dürfen wir uns deshalb ganz und ungeteilt diesem Willen Gottes hingeben, weil sich Gott selbst schon zuvor ganz und ungeteilt und ohne Unterschiede zu machen den Menschen zugewendet hat. Sein höchst vernünftiges und souveränes Weltregiment ist nirgendwo so deutlich offenbar wie am Kreuz Jesu. Denn in der äußersten Liebe des sterbend sich hingebenden Jesus geschieht die äußerste Selbstinvestition der Feindesliebe Gottes in die ihm entfremdete Menschheit hinein. Am Kreuz praktiziert Gott selbst die von Jesus uns Menschen zugemutete Feindesliebe in letzter Konsequenz.

Da gerade nicht Gott, sondern Menschen Jesus getötet haben, hätte, menschlich betrachtet, diese äußerste Grausamkeit Rache bis zum letzten bedeuten müssen, damit die Welt wieder in Ordnung wäre. Doch entgegen jeder Wahrscheinlichkeit und Normalität und entgegen jeder typisch menschlichen Reaktion hat Gott am Kreuz Jesu aller Rache und Vergeltung ein Ende gesetzt. Am Kreuz Jesu erweist sich deshalb gerade nicht Gott als grausam; wohl aber bildet die Grausamkeit der Menschen den Anlaß, von der äußersten und schlechthin wunderbaren Zuwendung Gottes zu uns Menschen zu sprechen. Jesus, den wir Menschen unverständig hingemordet haben, ihn hat Gott gerade angesichts dieses Geschehens als den Grund angesehen, uns Menschen zu vergeben und zu versöhnen. So ist das Kreuz Jesu «Ausdruck und Summe unserer Grausamkeit und Ausdruck und Summe der Feindesliebe Gottes»[45].

Am Kreuz Jesu ist Gott offenbar als der Lebendige, der auf die menschliche und menschheitliche Steigerung des Bösen gerade nicht mit Vergeltungsmechanismen reagiert hat, sondern mit der Steigerung seiner unendlichen Liebe, die auch und gerade die Bereitschaft, das Leiden auf sich zu nehmen, einschließt. Das Kreuz Jesu zeigt, daß Gott selbst zuerst mit jener großen Währung bezahlt hat, die Jesus uns im heutigen Evangelium zumutet. Damit aber ist deutlich, daß solch große Währung nur in der konsequenten Nachfolge Jesu Christi möglich ist. Davon legen auch die beiden Heiligen Germain und Randoald, die als Mönche gelebt haben und die hier in der Pfarrei von Moutier besonders verehrt werden, beredtes Zeugnis ab. Auch sie wollten dem Bösen entgegentreten und wurden von den Soldaten des Fürsten vom Elsaß malträtiert und massakriert. Sie sind Märtyrer geworden, weil sie für den Schutz des Volkes in jener Region eingetreten sind, in die sie auch den christlichen Glauben gebracht haben.

Die feierliche Einsetzung der Reliquien der Heiligen Germain und Randoald in ein neues Reliquiar will zunächst eine dankbare Wertschätzung ihrer konkreten Kreuzesnachfolge sein. Wir dürfen sie ehren und verehren, weil sie die große Währung Gottes, die aufs Ganze geht, hautnah gelebt haben und weil ihr Lebenszeugnis für das Evangelium durchsichtig geworden ist. Zugleich werden die Heiligen uns zur Ermutigung, auch heute die große Währung Gottes zu leben und die Feindesliebe zu praktizieren. Denn das Leben der beiden Heiligen zeigt uns, daß Feindesliebe nichts für Schwächlinge ist, sondern im Glauben starke Menschen voraussetzt.

Stark wurden diese Menschen vor allem aus der Kraft des Gebetes. Es ist gewiß kein Zufall, daß Jesus seine Zumutung der Feindesliebe sofort mit der weiteren Zumutung verbindet: «Segnet die, die euch verfluchen; betet für die, die euch mißhandeln.» Denn das Gebet verhilft dazu, den anderen Menschen in einem neuen Licht zu sehen, im Licht Gottes selbst nämlich, und es vermag deshalb sogar Feinde in Geschwister zu verwandeln, wie ebenfalls im Leben Jesu deutlich ist. Im und durch das Gebet hat sich Jesus selbst am Kreuz zur Bitte um Vergebung der Schuld durchgerungen: «Vater, vergib ihnen, denn sie wissen nicht, was sie tun» (Lk 23,34). Und in seiner Nachfolge wird von Stephanus, dem ersten Märtyrer der Christen, Gleiches berichtet: «So steinigten sie Stephanus; er aber betete und rief: Herr Jesus, nimm meinen Geist auf! Dann sank er in die Knie und schrie laut: Herr, rechne ihnen diese Sünde nicht an» (Apg 7,59–60).

Kleingeld ohne Währungsverlust

Das Gebet für den Feind ist in der Tat die schönste Einübung der erzchristlichen Geste der Vergebung. Es ist sogar die Intensivstation versöhnender und verzeihender Liebe. Darin besteht die große Währung, die Jesus uns auch heute zumutet. Damit stellt sich uns aber nochmals und vollends die Frage, was wir mit dieser großen Währung anfangen. Ergeht es uns da nicht wie mir beim Billetautomaten, bei dem es kleine Münzen braucht, um das Ziel erreichen zu können? Sind wir also nicht gut beraten, wenn wir die großen Noten des Evangeliums in Kleingeld wechseln, damit uns wenigstens kleine Schritte im Alltag möglich werden?

In der Tat kommt es darauf an, daß wir in unserem Leben des Glaubens immer wieder mit kleinen Schritten fortfahren oder neu beginnen. Dazu müssen wir die große Währung des Evangeliums für unseren Alltag in Kleingeld wechseln. Gut gehen wird dies freilich nur, wenn wir dabei stets die große Währung Gottes vor Augen behalten und sie nicht mit unserer bescheidenen Alltagswährung verwechseln. Die Zumutung Gottes geht nun einmal aufs Ganze; und da darf es auf keinen Fall zu einem Währungsverlust kommen. Denn mit einer abgemilderten und unserer Währung angepaßten Glaubensverkündigung, die bloß noch zu sagen wagt, was der heutigen Gesellschaft ohnehin plausibel ist, wird niemand für den christlichen Glauben gewonnen – heute weniger denn je!

Eben deshalb dürfen wir dankbar sein für das Glaubenszeugnis derjenigen Menschen, die mit der radikalen Zumutung Jesu ernst gemacht haben und deshalb als Heilige verehrt werden, und für das Glaubenszeugnis derjenigen Menschen heute, die es wagen, in der Nachfolge dieser heiligen Mönche zu stehen. Denn die Heiligen sind die lebendigen und fleischgewordenen Exegeten des Evangeliums, deren Leben selbst durchsichtig geworden ist für Jesus Christus. Heiligenverehrung bedeutet deshalb immer auch Anhänglichkeit an und Vertiefung unserer Treue zur großen Währung des Evangeliums. Heiligenverehrung ist zutiefst Verehrung Christi und seines barmherzigen Zuspruchs in konkreten Menschen, die in ihrem Leben an ihm Maß genommen haben.

In dieser Glaubensüberzeugung wollen wir die Heiligen Germain und Randoald um ihre Fürbitte angehen, daß die heutige Feier der Einsetzung ihrer Reliquien in das neu gestaltete Reliquiar für die Pfarrei Moutier ein Gnadentag werde und daß uns allen der Mut geschenkt werde, die große Währung des Evangeliums neu zu erkennen und sie mit unserem Kleingeld im Alltag zu leben. Vor allem wollen wir den Heiligen dankbar sein, daß sie sich als glaubwürdige Treuhänder der großen Währung des Evangeliums erwiesen haben. Wenn wir sie uns vor Augen stellen, kann es auch uns gelingen, die große Währung des Evangeliums in Kleingeld für unseren Alltag zu wechseln, ohne dabei einen Währungsverlust zu riskieren. Die Heiligen Germain und Randoald werden uns auf diesem anspruchsvollen Weg hilfreiche Begleiter vom Himmel her sein, wo die ungeteilte und vorbehaltlose Zuwendung Gottes zu den Menschen bereits endgültig-gültig vollendet ist.

Unstillbare Sehnsucht des menschlichen Herzens

Das Leben der heiligen Rita als Wegweisung im Glauben[46]

Das Herz eines jeden Menschen kennt eine maßlose Sehnsucht nach Erfüllung und Vollendung seiner ebenso maßlosen Lebenshoffnungen. Diese maßlose Sehnsucht läßt das menschliche Herz angespannt sein wie eine Sehne. Demgegenüber droht diese Sehne überall dort zu erlahmen, wo die wahre Sehnsucht des menschlichen Herzens sich allein an mäßigen Dingen festmacht. Dort aber, wo die Sehnsucht um ihre angespannte Sehne gebracht wird, bleibt von der Sehn-Sucht nur noch die Sucht, genauerhin die Sucht nach Besitz, nach Macht und Prestige. Die heutige Welt gibt einen umfangreichen Anschauungsunterricht dafür, daß sich in der Sucht letztlich die ermäßigte Sehnsucht anmeldet. Der tiefste Grund für diese ermäßigte Sehn-Sucht liegt darin, daß die maßlose Erfüllung und Vollendung der maßlosen Sehnsucht des menschlichen Herzens nur jene Wirklichkeit geben kann, die allein maßlos genannt zu werden verdient, nämlich Gott, dessen Herz unruhig ist, bis es ruhen kann am Herzen des maßlos sehnsüchtigen Menschen.

Durst stillendes Wasser

Eben deshalb ist auch, wie der heilige *Augustinus* betont hat, des Menschen Herz unruhig, bis es ruhen kann bei Gott. Darin liegt die Grundüberzeugung des christlichen Glaubens, wie sie die Verkündigungstexte der heutigen Liturgie verdeutlichen. Mit dem Gleichnis der menschlichen Liebe zwischen Mann und Frau bringt das alttestamentliche Hohelied das unruhige Suchen des menschlichen Herzens nach dem zum Ausdruck, «den meine Seele liebt» (Hld 3,1). Und das Gespräch zwischen Jesus und der samaritanischen Frau am Jakobsbrunnen im Evangelium (Joh 4,5–15) verheißt uns jenes Wasser, das den Durst endgültig löschen wird, weil dieses Wasser in dem, der es trinkt, zu einer sprudelnden Quelle wird und ewiges Leben schenkt.

Diese Verheißung gilt jedem Menschen und restlos allen Menschen. Dies zeigt das heutige Evangelium mit seinen vielfältigen Überraschungen, auf die wir uns sensibel einlassen sollten. Falls wir uns nämlich an das heutige Evangelium nicht bereits allzu sehr gewöhnt haben, muß uns in ihm gleichsam alles «verkehrt» vorkommen, was nur verkehrt sein kann: Jesus spricht erstens in aller Öffentlichkeit mit einer Frau, was sich für einen frommen Juden keineswegs geziemt. Dabei handelt es sich zudem zweitens um eine Frau aus Samarien, das in den Augen der frommen Juden als ein feindliches und häretisches Land gilt. Es ist drittens aber genau diese einfache Frau aus Samarien, die Jesus als den Messias verkündet, währenddem die Jünger an seinem Verhalten Anstoß nehmen. Und das Gespräch Jesu mit der Samaritanerin findet viertens nicht an einem heiligen Ort, schon gar nicht im Tempel, statt, sondern draußen auf dem Feld, bei der damals verachteten Beschäftigung des Wasserholens.

Das heutiges Evangelium ist in der Tat voller Überraschungen. Es ist geradezu so überraschend, wie es Gott selbst ist. Darin liegt eine gute Nachricht auch für uns Menschen heute: Mitten in unserem alltäglichen Leben, selbst bei der banalen Beschäftigung des Wasserholens, schenkt sich uns Gott als Antwort auf die maßlose Sehnsucht unseres Herzens. Wir brauchen dazu nicht einmal unbedingt, wie das Evangelium verdeutlicht, besondere religiöse Veranstaltungen, wie hilfreich solche auch sind. Und wie das Gespräch Jesu mit der Samaritanerin zeigt, sind durchaus auch Fragen und Zweifel erlaubt. Wichtig ist dabei nur, daß wir uns in unserem alltäglichen Leben mit unserem persönlichen Wasserkrug auf den Weg machen und Ausschau halten nach dem Wasser, das den Durst endgültig zu löschen und die maßlose Sehnsucht unseres Herzens zu stillen vermag.

Es gibt wohl keine schönere personifizierte Exegese dieses Evangeliums als das Leben der heiligen Rita. Von Anfang an ist sie von ihrem Herzenswunsch bewegt, Gott in jeder Situation ihres Lebens noch inniger zu lieben und ihm noch treuer zu dienen. Um dieser Sehnsucht ihres Herzens zu entsprechen, will sie nicht zufälligerweise in eine Klostergemeinschaft in der Tradition des heiligen Augustinus eintreten, der selbst ein großer Suchender gewesen ist. Dieser Herzenswunsch wird freilich von Ritas Eltern vereitelt. Um sie nicht an das Kloster von Cascia in Umbrien zu verlieren, zwingen sie Rita zur Heirat. In Gehorsam gegenüber ihren Eltern willigt sie in die Ehe mit dem von den Eltern vorgesehenen unbeherrschten Mann ein. Rita muß die maßlose Sehnsucht ihres Herzens mäßigen, weshalb ihr die Ehe nicht nur wegen der Wutanfälle ihres Mannes, sondern wohl auch wegen des Verzichts auf das Klosterleben zur Hölle im buchstäblichen Sinn gerät. Erst nach der Ermordung ihres Gatten durch einen Bluträcher, dem sie sogar vor den weltlichen Gerichten Asyl gewährt, und nach dem Seuchentod ihrer beiden Söhne kann sie sich ihren Herzenswunsch erfüllen. Zuerst muß sie freilich die erneute Demütigung erfahren, daß ihre Bitte um Aufnahme in die Gemeinschaft der Augustinerinnen von diesen dreimal abgelehnt wird. Erst danach kann sie ihr Leben endlich ganz der Suche nach Gott verschreiben, die bei ihr mit einer leidenschaftlichen Befolgung der Ordensgelübde und mit strengen Bußwerken zum Ausdruck kommt.

Gläubige Kultur der menschlichen Sehnsüchte

Ritas Leben bringt es an den Tag, daß die maßlose Sehnsucht des menschlichen Herzens, wenn sie echt ist, nicht zu töten ist und daß sie letztlich nur von der maßlosen Wirklichkeit Gottes selbst beantwortet werden kann. Eben diese maßlose Antwort hat die Heilige Rita gesucht im Ordensleben mit den für dieses charakteristischen drei Gelübden: der Armut, des Gehorsams und der Jungfräulichkeit. In ihnen erhält die maßlose Sehnsucht des menschlichen Herzens die prophetische Ausgestaltung, die zumal in der heutigen Welt des Habenwollens, des Herrschenwollens und des Genießenwollens nichts an Aktualität eingebüßt hat, sondern erst recht eine befreiende Signalfunktion erhalten könnte. In diesen drei Losigkeiten wird zudem zugespitzt vorgelebt, wie wir Menschen überhaupt mit den drei elementaren Sehnsüchten in unserem Leben umgehen können:

Der erste Antrieb des Menschen liegt in der Sehnsucht nach Verwurzelung, Beheimatung und deshalb nach *Besitz*. Diese Sehnsucht kann freilich zur Versuchung geraten, alles in Besitz nehmen zu wollen und sich zu einem Menschen allein des Habens zu pervertieren. Der christliche Glaube nimmt diese menschliche Sehnsucht nach Besitz zwar ernst, er befreit aber von der Sucht nach Besitz und ermöglicht eine Kultur der Freiheit im Umgang mit den weltlichen Dingen.

Der zweite Antrieb im menschlichen Leben besteht in der Sehnsucht nach Wachstum und Freiheit und deshalb nach *Macht*. Auch diese Sehnsucht kann zur Sucht werden, die sich im Mißbrauch der menschlichen Macht zeigt. Der christliche Glaube rechnet zwar realistisch mit dieser Sehnsucht, er befreit aber den Menschen von seiner Machtsucht und schenkt ihm die Freiheit zum Machtverzicht.

Der dritte Antrieb des Menschen ist die Sehnsucht nach *Ansehen*, nach Zuwendung und Anerkennung und deshalb nach einem einmaligen Namen. Aber auch diese Sehnsucht kann zur Versuchung werden, das Gelingen des Lebens von der Erfüllung dieses Wunsches total abhängig zu machen und den Lebenssinn nur noch im eigenen Prestige zu sehen. Der christliche Glaube akzeptiert zwar auch diese Sehnsucht. Zugleicht widersteht er der Sucht nach Ansehen und leitet an zum Lebensstil des Warten-Könnens.

Freiheit im Umgang mit den Dingen der Welt, Freiheit zum Machtverzicht und Freiheit zum Warten-Können sind somit jene christlichen Grundhaltungen, die die gläubige Kultur der menschlichen Ursehnsüchte ausmachen. Diese Grundhaltungen können aber nur gelingen, wenn wir Menschen die maßlose Sehnsucht des menschlichen Herzens nicht an mäßigen Dingen festmachen, sondern allein in der maßlosen Wirklichkeit Gottes geborgen wissen. Von daher ist es kein Zufall, daß Jesus uns einlädt, um diese Grundhaltungen immer wieder zu beten, und zwar mit den Worten seines eigenen Gebetes: Jesus heißt uns erstens darum zu bitten, daß Gottes *Reich* komme und daß unsere heimliche und unheimliche Herrschaft beendet werde. Jesus lädt uns zweitens ein, darum zu beten, daß Gottes *Wille* geschehe und unsere egoistische Eigenmacht unterbrochen werde. Und Jesus ermutigt uns drittens, darum zu beten, daß Gottes *Name* geheiligt und unsere manchmal ach so borniert betriebene eigene Denkmalspflege heilsam unterlaufen werde.

Gott genießen und die Welt gebrauchen

Das Vaterunser erweist sich vor allem in seinen drei ersten Bitten als das inständige Gebet darum, daß wir die maßlose Sehnsucht unseres Herzens fest in Gott verwurzeln, um freiere Menschen im Leben werden zu können. Freie Menschen sind wir aber nur dann, wenn wir die Welt gebrauchen und Gott genießen. Diese

Unterscheidung, die ebenfalls auf den heiligen *Augustinus* zurückgeht, mag sich allerdings seltsam anhören. Denn wir Menschen sind es, gerade in der heutigen Welt, gewohnt, allerhand in der Welt zu genießen: das Vergnügen und die Unterhaltung, die Freiheit und die Zerstreuung bis hin zu den vielfältig angebotenen Genußmitteln. Und um diesen Genuß zu fördern, brauchen wir dann manchmal sogar noch Gott, beispielsweise zur Verschönerung wichtiger Stunden unseres Lebens.

Angesichts dieser Gefahr ruft uns der Glaube seine tiefere Weisheit in die Erinnerung, daß Gott schlechterdings nicht zu gebrauchen und schon gar nicht zu bezahlen ist. Gebraucht werden sollen die weltlichen Dinge, nicht hingegen Gott. Gott ist nicht zu gebrauchen. Er kann nur genossen werden. Schlicht daran entscheidet es sich, ob wir wirklich die maßlose Sehnsucht unseres Herzens in der maßlosen Wirklichkeit Gottes so einbergen, daß wir freie Menschen werden, wie die heilige Rita eine durch und durch freie Christin gewesen ist.

Die heilige Rita war sogar so frei, gegenüber ihren Verwandten, die sie in ihrer schweren Krankheit besuchten, den kühnen Wunsch zu äußern, aus dem winterlichen Garten ihrer Eltern eine Rose zu erhalten. Die Verwandten wähnten, Rita habe ihren Verstand verloren; aber sie kamen in der Tat mit einer frischen Rose zurück, die am winterlich-kahlen Rosenstock soeben erblüht war. Diese wunderschöne Legende lebt fort in der Segnung der Ritarosen bis auf den heutigen Tag. Wenn deshalb auch wir nachher im Gedenken an die heilige Rita Rosen segnen, wollen wir vor allem darum beten, daß die Sehnsucht unseres Lebens so in Gott beheimatet sein darf, daß auch wir immer freiere Christenmenschen werden und daß das Wasser Gottes in uns zu einer sprudelnden Quelle wird und uns ewiges Leben schenkt. Möge dies Gott selbst heute an und mit uns geschehen lassen auf die Fürbitte der heiligen Rita. Amen.

Heiliges Leben aus der Gnade

Theresia von Lisieux als Exegetin des Evangeliums[47]

Der große evangelische Theologe und christliche Märtyrer des Naziregimes *Dietrich Bonhoeffer* berichtete einige Zeit vor seinem Tode von einem Gespräch, das er einmal mit einem französischen Priester geführt hatte: «Wir hatten uns ganz einfach die Frage gestellt, was wir mit unserem Leben eigentlich wollen. Da sagte er: Ich möchte ein Heiliger werden ... Das beeindruckte mich damals sehr. Trotzdem widersprach ich ihm und sagte ungefähr: Ich möchte glauben lernen.» Zwischen heilig werden und glauben lernen erblickte Bonhoeffer offensichtlich einen Gegensatz, zumindest einen Unterschied. Wahrscheinlich hatte er dabei jenes heroische Heiligkeitsideal vor Augen, das unsere katholische Frömmigkeit lange geprägt hat, das aus heiligen Menschen beinahe christliche Supermenschen oder gar religiöse «Hochleistungssportler» gemacht hat und das folglich die Sprunglatten der Heiligkeit so hoch gelegt hat, daß die Versuchung sehr groß war, daß die meisten Menschen gar nicht mehr zu springen beginnen.

Schlichte Heiligkeit in heiliger Schlichtheit

Hätte Dietrich Bonhoeffer demgegenüber die heilige Theresia von Lisieux, deren 100. Todestag wir heute feiern, vor Augen gehabt, wäre er wahrscheinlich bald eines Besseren belehrt worden und nie auf diesen Gegensatz zwischen heilig sein und glauben lernen verfallen. Denn für diese heilige Frau war Glauben geradezu der Inbegriff von Heiligkeit. Deshalb spielte sich für sie Heiligkeit gerade nicht im Sensationellen und Heroischen ab, sondern gleichsam unter dem Schleier des ganz Unauffälligen und Unscheinbaren des alltäglichen Lebens. Und deshalb bestand für sie Heiligkeit auch nicht einfach in religiösen Übungen und Leistungen, sondern in einer grundsätzlichen Lebenshaltung aus dem Glauben im Alltag, wie sie selbst einmal treffend schreibt: «Ich weiß, daß gewisse Seelenführer uns raten, die Tugendakte zu zählen, um in der Vollkommenheit voranzuschreiten. Doch Jesus, mein Seelenführer, lehrt mich nicht, meine Akte zu zählen. Er lehrt mich, alles aus Liebe zu tun.» Diese schlichte und unsensationelle Alltäglichkeit des Lebens selbst galt ihr als Berufung zur Heiligkeit.

Wenn dies schon Heiligkeit sei, könne sie auf der Stelle ihr ganzes Kloster heiligsprechen: So empfand es jedenfalls eine irische Priorin, als sie Theresias Aufzeichnungen – «Geschichte einer Seele» – gelesen hatte. Ob dies nicht doch etwas übertrieben ist, muß ich dahingestellt sein lassen. Doch diese irische Priorin scheint das Heiligkeitsideal der heiligen Theresia besonders gut verstanden zu haben. Denn genau im Leben in und aus und zu Gott hin im ganz gewöhnlichen

Alltag besteht Theresias «kleiner Weg zu Gott», den sie so anschaulich in ihren Aufzeichnungen von ihrem Klosterleben im Karmel beschrieben hat.

Von daher versteht es sich von selbst, daß sie den Blick immer wieder weglenkte von den guten Taten und frommen Werken und daß sie an deren Stelle um so froher Gottes Gnade pries und verkündete. Denn Theresia wußte, daß letztlich im Leben alles Gnade ist und daß folglich nichts so sehr dem christlichen Leben abträglich ist wie das fromme Spekulieren auf himmlischen Lohn für die getanen guten Werke: «Wir müssen alles tun, was an uns liegt – aus Liebe zu Gott, aber es ist in Wahrheit unerläßlich, sein ganzes Vertrauen in Den zu setzen, der allein unsere Werke heiligt und der uns heiligen kann ohne Werke.» Mit diesen Worten lehrte Theresia das erzchristliche «Allein durch Gnade», das sie aber nicht nur verkündete, sondern noch mehr lebte und mit ihrem Dasein bezeugte.

Leben aus der Gnade

Die heilige Theresia hat damit nicht nur die ökumenische Verständigung zwischen den evangelisch-reformierten und römisch-katholischen Konfessionen vorweg-gelebt. Sie hat vielmehr und vor allem die Heiligkeit wiederum dorthin zurückgebracht, wo sie hingehört, nämlich in die schlichte Alltäglichkeit des Lebens. Im besten Sinne des Wortes erweist sie sich deshalb als eine durch und durch moderne Heilige, und zwar gerade dadurch, daß sie in allem aus der Gnade Gottes zu leben versuchte. Dies gilt selbst dann, wenn «Gnade» heute als ein ganz und gar unmodernes Wort eingeschätzt wird.

«Gnade» ist zwar das zentralste Grundwort des christlichen Glaubens und das in der Kirche am meisten gebrauchte Wort. Es ist heute aber auch eines der am meisten verbrauchten Worte geworden und droht für viele Menschen zu einer bloßen Worthülse zu werden. Nicht selten scheint das Wort Gnade nur noch ein verlegenes und unverbindliches Füllwort zu sein. Oder das Wort «Gnade» kann auch als unausgewiesene Legitimation von Herrschaftsansprüchen von Menschen über Menschen verstanden werden: «Herrschaft von Gottes Gnaden». Hier liegt es begründet, daß dieses Wort bei vielen Menschen heute heftige Abwehrreaktionen hervorruft. Zu nahe liegen Assoziationen an feudale Reste, wie sie sich etwa in der devoten Anrede eines Fürsten oder eines Bischofs als eines «Gnädigen Herrn» aussprechen. Das Wort «Gnade» signalisiert dann eine Haltung der Herablassung und Unterwürfigkeit, die sich kein Mensch heute mehr leisten will, auf die er vielmehr allergisch reagiert.

Von daher spielt das Wort «Gnade» in der Erfahrung und für das Verständnis des menschlichen Lebens in unserer Zeit kaum mehr eine große Rolle. Wenn wir freilich genauer zusehen, gibt es dennoch Situationsbereiche, zu deren deutenden Erhellung auch der heutige Mensch auf das Wort Gnade prinzipiell nicht verzichten kann. Dabei handelt es sich vor allem um zwei Lebensbereiche:

Der eine Bereich ist derjenige der Rechtsprechung. Wird auf der einen Seite Schuld festgestellt und auf der anderen Seite Schuld auch wirklich eingestanden, bleibt nur noch die eine Möglichkeit, «Gnade vor Recht ergehen zu lassen». Bei aller Blaßheit dieses Sprachgebrauchs kommt hier doch zum Vorschein, daß Gnade letztlich ein unverdientes Geschenk ist.

Der andere Bereich ist derjenige der Kunst. Läßt sich ein gelungenes Kunstwerk nur unbeholfen mit dem Fleiß und dem Geschick eines Künstlers erklären, spricht man auch heute gern von einem «begnadeten Künstler». Bei aller Gebrochenheit dieses Vergleichs kommt darin doch zum Ausdruck, daß Gnade letztlich unverfügbar und aller menschlichen Berechnung entzogen ist.

Diese Erfahrungen, in denen Gnade als unverfügbares und unverdientes Geschenk aufscheint, werden im christlichen Glauben auf jenes letzte und absolute Geheimnis unseres menschlichen Lebens hin aufgeschlossen, das wir Gott nennen dürfen. Gnade meint hier nämlich das gnädige Verhalten Gottes zu uns Menschen, seine Selbstmitteilung und Selbsthingabe. Gnade ist letztlich die eine Kurzformel für den christlichen Glauben, daß, wie Theresia immer wieder buchstabiert, alles Gnade ist.

Delikatessen der Liebe Gottes

In allem in und aus dieser Gnade Gottes zu leben, dies heißt im Christentum glauben. Heilig werden und glauben lernen sind deshalb keine Gegensätze, sondern vielmehr Synonyme. In diesem Sinne kann Jesus im heutigen Evangelium für die Menschen, die ihm sein Vater gegeben hat, beten: «Heilige sie in der Wahrheit;

dein Wort ist Wahrheit ... Und ich heilige mich für sie, damit auch sie in der Wahrheit geheiligt sind» (Joh 17,17–19). In der Wahrheit geheiligt zu werden, dies ist für den Christen der tiefste Sinn des Glaubens. Und die wohl beste Exegese und den fleischgewordenen Kommentar dieses Evangeliums finden wir im Leben der heiligen Theresia vor: Sie lebte aus dem gläubigen Wissen, von Gott geliebt zu sein, und zwar wegen ihres Daseins und nicht erst aufgrund ihrer guten Taten. Und diese Liebe Gottes entdeckte sie gerade in den kleinen unverhofften Freuden des Alltags, die sie zärtlich-intim die «délicatesses du bon Dieu» nannte. Gottes Liebe fand sie aber auch in der wachsenden Kraft zum Leiden. Und Theresia hat gelitten, nicht nur an der schweren Krankheit der Tuberkulose, sondern auch und vor allem an Gott selbst, an der Gottverlassenheit in den dunklen Nächten ihres Lebens.

Auch und gerade diese Erfahrung gehört mit zu ihrer Heiligkeit. Deshalb zog sie aus dieser Erfahrung der Liebe Gottes genau jene Konsequenz, die in der heutigen Lesung aufscheint: «Wenn Gott uns so geliebt hat, müssen auch wir einander lieben» (1 Joh 4,11). Denn Theresia wußte, daß das Leben aus der Gnade Gottes sich übersetzen muß in einen gnadenvoll-sympathischen Umgang mit den Mitmenschen und daß die Gottesliebe ihr Maß findet an der Liebe zum Nächsten. So lebte die heilige Theresia die unaufkündbare Einheit von Gottesliebe und Nächstenliebe. Und darin besteht gleichsam ihr Testament, das uns auch an ihrem hundertsten Todestag unverwelkt begegnet und auch uns in die Nachfolge Jesu Christi lockt. Denn ihr Leben ist der wohl sprechendste Kommentar christlicher Heiligkeit, nämlich existenzielle Glaubenspraxis, die an Jesus Christus selbst Maß genommen hat.

Solche Heiligkeit haben auch wir heute in der Schlichtheit des alltäglichen und unsensationellen Lebens unter Beweis zu stellen. Dann werden auch wir die «délicatesses du bon Dieu» erfahren, deren schönste und zärtlichste wir uns in der Feier der Eucharistie gefallen lassen dürfen. Aus ihr hat Theresia gelebt. Denn die Eucharistie ist der Quellort, gleichsam die Gebärmutter ihrer sympathischen Heiligkeit. Nirgendwo wird die Heiligkeit so sehr auf die Verfassung des menschlichen Herzens konzentriert und nirgendwo bewahrheitet sich so sehr, was Theresia als Inbegriff christlicher Heiligkeit bezeichnet hat, als in der Eucharistie, daß sie uns nämlich «klein und demütig in den Armen Gottes werden läßt, wissend um unsere Schwäche und bis zur Verwegenheit auf seine Vatergüte vertrauend».

Grundhaltung glaubender Kindlichkeit

Darin besteht im Kern Theresias kleiner Weg des Kindseins vor Gott. Denn bereits in der menschlichen Erfahrung zeichnet sich das Kind vor allem dadurch aus, daß es auf andere Menschen angewiesen ist. Aus sich hat es nichts und ist es nichts. Es ist vielmehr in radikaler Weise Armut, Ohnmacht und Angewiesenheit. Es lebt buchstäblich auf Kosten anderer. In dieser Armut und Ohnmacht des Kindes liegt aber ein großer Reichtum verborgen. Dieser besteht gerade nicht in dem, was das Kind selbst beibringen und vorweisen kann. Sein Reichtum liegt vielmehr darin, daß sich andere von seiner

Ohnmacht und Armut anrühren lassen und sich ihm liebevoll zuwenden können. Nirgendwo wird dieser Reichtum, der in der Lebenshaltung elementarer Kindlichkeit verborgen liegt, so schön und so deutlich offenbar wie in der Beziehung des Menschen zu Gott. Denn vor Gott erlebt und erfährt sich der Mensch immer wieder als Kind, das auf ihn ganz angewiesen ist und ihm sein Leben bis in die letzten Fasern hinaus verdankt.

Diese Grundhaltung elementarer Kindlichkeit Gott gegenüber hat Theresia konsequent gelebt. Mit Recht hat sie sich selbst deshalb den Beinamen «vom Kinde Jesu» gegeben. Diesen Beinamen zu tragen und in ihr Leben zu übersetzen: dazu sind aber letztlich alle Christen und Christinnen berufen. Denn der kleine Weg des Kindseins vor Gott ist erreichbar für alle Menschen, besonders für jene, die nicht außergewöhnliche Wege geführt werden, sondern die ihre Heiligkeit in der heiligen Schlichtheit des alltäglichen Lebens unter Tatbeweis zu stellen haben. Dies ist, wenn wir ehrlich zu uns selbst sind, die Situation von uns allen.

Der 100. Todestag von Theresia von Lisieux ist deshalb zunächst ein willkommener Anlaß tiefer Dankbarkeit für das Lebenszeugnis dieser großartigen heiligen Frau. Wir dürfen Gott dankbar sein, daß er uns diese moderne Heilige geschenkt hat als eine Wegweiserin des Glaubens, an der wir uns auch und gerade in der Situation der heutigen Kirche und Welt orientieren können. Ihr Todestag wird uns aber auch zu einer ernsten Herausforderung und zu einer frohen Ermutigung, in der sympathischen Art und Weise heilig zu werden, wie Theresia sie vorgelebt hat, und deshalb in neuer Weise glauben zu lernen.

«Damit wir an Leib und Seele gesunden»

Jubiläum des Malteser-Ritter-Ordens[48]

Jubiläen stellen zumeist einen willkommenen Anlaß dar, auf die vergangenen Jahre dankbar zurückzublicken und diese Jahre in einer gläubigen Grundhaltung in die Hand Gottes zurückzulegen. Jubiläen eignen sich aber auch als Zwischenhalt, um sich das vorgenommene Ziel wieder deutlich vor Augen zu führen und sich in der Gegenwart im Blick auf den eigenen Auftrag neu zu orientieren. Dies gilt zumal, wenn man mit einem so schönen und anspruchsvollen Auftrag betraut ist, wie es die Sendung des Hohen Malteser-Ritter-Ordens ist. Ihre Ideale bestehen einerseits im uneigennützigen Handeln an den Kranken, und zwar im buchstäblichen Sinn dieses Wortes, daß Sie in Ihrem Handeln selbst Hand anlegen, und andererseits im schützenden Eintreten für den christlichen Glauben in der katholischen Kirchengemeinschaft. «Obsequium pauperum et tuitio fidei»: Wie verhalten sich diese beiden Dimensionen Ihrer Selbstverpflichtung aber genauerhin zueinander? Und was haben sie miteinander zu tun? Das heutige Jubiläum, das in Solothurn natürlich nur ein elfjähriges sein kann, lädt uns ein, dieser Frage etwas nachzugehen.

Leibliche Heilung oder religiöses Heil?

Daß der Dienst an den Kranken und deren Heilung und das Engagement für den Glauben unlösbar miteinander verbunden sind, versteht sich freilich in der gesellschaftlichen Lebenssituation der Neuzeit keineswegs von selbst. Denn das neuzeitliche Denken und Handeln ist geprägt von grundlegenden Dualismen. Deren elementarster ist bereits zu Beginn der Neuzeit von einem Mann ausformuliert worden, dessen Denken für die gesamte Wissenschaftsgeschichte und im besonderen für die Medizin folgenreich geworden ist, nämlich von *René Descartes*. Für ihn zerfällt die ganze Welt in zwei Teile, nämlich auf der einen Seite in die Welt der Körper, deren Eigenschaft die Ausdehnung ist, und auf der anderen Seite in die Welt des Geistes, deren Attribut das Denken ist. Mit dieser Zweiteilung der Welt erweist sich Descartes als strenger Dualist und in diesem Sinne als Prototyp des neuzeitlichen zergliedernden und analytischen Denkens. Der ausgedehnte Körper und die denkende Seele des Menschen sind für ihn deshalb zwei völlig verschiedene Wirklichkeiten, die er bloß noch auf dem Weg einer äußerst skurrilen physiologischen Konstruktion miteinander in Wechselbeziehung zu bringen vermochte: Gemäß seiner kuriosen und heute nur noch Heiterkeit auslösenden Ansicht ist es allein die Zirbeldrüse, die den Leib mit der Seele verbindet.

Descartes' Auffassung vom menschlichen Leib als einer physikalisch-mechanisch funktionierenden Maschine, gleichsam als «Körperautomat», ist in der Geschichte der medizinischen Wissenschaft und Praxis in der Neuzeit von grundlegender Bedeutung geworden. Diese entwickelte sich immer mehr zu einer naturwissenschaftlichen Technik; und in ihrem Gefolge kam es zu jener weitgehenden Reduktion des ganzen Menschen auf Physik, Chemie und Apparat, die der bekannte Medizinhistoriker *Heinrich Schipperges* auf die Kurzformel gebracht hat, daß das «Philosophikum» durch das «Physikum» ersetzt wurde.[49] Diese Weichenstellung entließ aus sich Konsequenzen, die bis heute nachwirken:

Die erste bestand in der verhängnisvollen Dreiteilung des Menschen in Leib, Seele und Geist. Während der Leib des Menschen das Therapie- und Forschungsobjekt der Medizin und während die Seele von der Psychotherapie erobert wurde, galt nur noch der Geist als Domäne des Glaubens. Hinzu kommt, daß sich auch der Glaube selbst sehr bald mit dieser Selbstbeschneidung des ganzen Menschen auf den separierten Geist arrangierte. Eng mit dieser arbeitsteiligen Ausdifferenzierung des ganzen Menschen hing ferner die weitere Grundunterscheidung zwischen religiösem Heil und körperlicher Heilung zusammen. Während es die Seelsorge der Kirche mit dem Heil des Menschen zu tun hat, das zudem zumeist allein als jenseitiges gedacht wurde, richtet die Medizin alle Anstrengung auf die Heilung des menschlichen Körpers. Damit mußte die fundamentale Wahrheit in Vergessenheit geraten, daß es auch die medizinische Heilkraft mit dem Heilsein, nämlich dem Ganzsein des Menschen zu tun hat und daß auch der Glaube der Gesundung des Menschen dienen kann, wie es ein vorgeschlagenes Schlußgebet im «Römischen Meßbuch» zum Ausdruck bringt: «Barmherziger Gott, höre unser Gebet. Du hast uns im Sakrament das Brot des Himmels gegeben, damit wir an *Leib und Seele* gesunden.»[50]

Gottestherapie Jesu Christi

Dieses Gebet bringt die wahren Intentionen im Leben und Wirken von Jesus von Nazaret treffend zum Ausdruck. Denn alle Evangelien, in besonderer Weise natürlich dasjenige des Lukas, das von einem Arzt verfaßt ist, stellen Jesus als einen Menschen dar, der im Namen Gottes Menschen heilt. Und wenn sie von Jesu heilendem Tun berichten, benützen sie sehr oft das griechische Wort «therapeuein». Jesus ist also im wahrsten Sinne des Wortes ein Therapeut. Dies zeigt besonders deutlich der Beginn des Markusevangeliums, der sich als eine große Ouvertüre über die heilende Macht präsentiert, die mit Jesu Verkündigung vom Kommen des Reiches Gottes in der Welt angebrochen ist:

Das öffentliche Auftreten Jesu ist von seinen ersten Anfängen in Kapharnaum an von Taten der Heilung begleitet. Berichtet werden dabei die Heilung eines Mannes, der von einem unreinen Geist besessen war (Mk 1,23–28), die Heilung der Schwiegermutter des Petrus (1,29–31), die Heilung eines Aussätzigen (1,40–45) und die Heilung eines Gelähmten (2,1–12). Und zwischen diesen Heilungen formuliert der Evangelist ein eigentliches Summar der therapeutischen Tätigkeit Jesu: «Am Abend, als die Sonne untergegangen war, brachte man alle Kranken und Besessenen zu ihm. Die ganze Stadt war vor der Haustür versammelt, und er heilte viele, die an allen möglichen Krankheiten litten, und trieb viele Dämonen aus» (1,32–34).

Jesus erweist sich somit als wahrer Therapeut, und zwar im ursprünglichen Sinn dieses Wortes. Denn «therapeuein» meint zunächst den Dienst der Menschen vor Gott im Sinne der Anbetung; demgegenüber kam die Bedeutung von «heilen» erst in einer späteren Weiterung hinzu. Damit aber kommt an den Tag, daß das Heilen Jesu auf die Wiederherstellung der urtümlichen Beziehung von Schöpfer und Geschöpf zielte, genauerhin auf die Revitalisierung jener «communio», die in der Sprache Jesu «Reich Gottes» heißt. In diesem Zusammenhang ist es kein Zufall, daß das Neue Testament bei den Wunderzeichen Jesu vor allem die Heilung von Aussätzigen, von Tauben, Blinden und Stummen hervorhebt. Diese bevorzugten Menschen verweisen auf den tiefsten Sinn der therapeutischen Wirksamkeit Jesu:

- Die Aussätzigen gehörten erstens damals aufgrund ihrer Krankheit zu den Isoliertesten und Verlassensten der Menschen, weil sie von jedem Kontakt mit anderen exkommuniziert waren. Jesus aber reintegrierte sie in die Gemeinschaft der Menschen, indem er sie heilte.
- Die Sinne der Ohren, der Augen und der Stimme sind dem Menschen zweitens als elementare Mittel der Kommunikation geschenkt. Deshalb gab Jesus

den Tauben, Blinden und Stummen mit ihrer Heilung zugleich die Möglichkeit zurück, in ein gesundes Zusammenleben mit anderen wieder einzutreten.

– Die Besessenen waren drittens sehr oft stumm oder sprachen die Sprache des Bösen. Von daher bedeutete Jesu Dämonenaustreibung «Befreiung aus Isolierung, Neuermöglichung von sozialen Beziehungen, Wiederherstellung zwischenmenschlicher Kommunikation»[51].

In dieser der Wiederherstellung der Communio zwischen Gott und den Menschen wie zwischen den Menschen dienenden Heiltätigkeit erweist sich Jesus nicht nur als Therapeut, sondern im eigentlichen Sinne als Gottestherapeut; und seine Therapie war im elementaren Sinne «Gottestherapie»[52]. Da Gottes Heilswille zudem auf den ganzen Menschen zielt, verstand sich Jesus nicht nur als *Seel*-Sorger, sondern als *Menschen*-Sorger, was am deutlichsten ablesbar ist an der befreienden Verschränkung zwischen Krankenheilung und Sündenvergebung in der Lebenspraxis Jesu. Bei Jesus war der Zuspruch der Sündenvergebung stets verbunden mit der Heilung von kranken Menschen: Wo Jesus Glauben vorfand, heilte er; und wo er heilte, vergab er Sünden.

Diese therapeutische Lebenspraxis Jesu ist ein wunderschönes Beispiel dafür, daß Glaube und Medizin ursprünglich äußerst nahe beieinander lagen, sich also weder bekämpften noch schiedlich-friedlich voneinander getrennt waren, sondern sich wechselseitig forderten und förderten. Nicht nur trug Christus in der alten

Zeit der Kirche den Würdetitel «Christus medicus», sondern auch der Mediziner verstand sich als Priester und in diesem Sinne als Mittler des Heils, der Kraft und der Gesundheit. Diese enge Zusammengehörigkeit von Glaube und Medizin, von Priester und Arzt konnte sich im Raum des Christentums erfreulicherweise über das große Zeitalter der Mönchsmedizin bis zu den im Mittelalter wichtig gewordenen Priesterärzten halten. Sie fand aber ein abruptes Ende, als in der Neuzeit der Priester vom Arzt und der Glaube von der Medizin wie umgekehrt geschieden wurden.

Christlicher Gottesglaube und menschliche Gesundheit

Wäre es heute aber nicht an der Zeit, den Menschen wirklich als Leib-Seele-Geist-Einheit radikal ernst zu nehmen und deshalb neu zu entdecken, daß sich Medizin und Glaube keineswegs ausschließen, sondern sich wechselseitig befruchten können, und zwar in der Überzeugung, daß der Glaube die Kraft in sich hat, gesund zu machen? Diese notwendige und für eine humane Begegnung mit dem kranken Menschen unerläßliche Zusammenarbeit zwischen Medizin und Glaube wie zwischen Arzt und Seelsorger verträgt sich dann durchaus mit einer ebenso notwendigen Unterscheidung in der konkreten Arbeit: Während die vornehmliche Aufgabe der Seelsorge darin besteht, sich um das Innere des Menschen derart intensiv zu kümmern, daß auch der Leib und damit der ganze Mensch zu gesunden vermag, konzentriert sich die Medizin mit Recht auf das Äußere des Menschen, indem sie aber sein Inneres in den Heilungsprozeß mit einbezieht. Von daher wird schließlich einsehbar, daß sich Medizin und Glaube in neuer Weise die Hand reichen können: Weder ersetzt – beispielsweise – der Blasiussegen den guten Halsspezialisten, noch macht der beste Arzt den Segen Gottes überflüssig.

Wegweisend für diese ganzheitliche Sicht des Menschen und deshalb für ein sinnvolles Zusammengehen von Glaube und Medizin war bereits *Paracelsus*, der nicht zufälligerweise Naturwissenschaftler und Arzt und zugleich Theologe war. Er fragte deshalb nicht nur nach dem naturwissenschaftlichen Erscheinungsbild der Krankheit, sondern er verband sein physiologisches Wissen auch mit theologischer Glaubensweisheit, und zwar vor allem in seiner Lehre von den fünf Seinsweisen, deren oberste und letzte in seinen Augen die «ens Dei» ist. Indem Paracelsus mit dieser Lehre den Raum beschrieb, innerhalb dessen der Mensch gesund oder krank ist, war er auch davon überzeugt, daß es zum gesunden Leben des Menschen gehört, in Gottes gütigem und richtendem, dies heißt richtig machenden An-Sehen zu stehen und zu leben. Und in der jüngeren Vergangenheit war kein Geringerer als *Carl Gustav Jung* überzeugt, daß der Glaube gesund machen kann. Deshalb stellte er beispielsweise seine Psychoanalyse mit Alkoholikern ein und verwies diese auf den Glauben: «Nehmen Sie Gott, das ist meine Empfehlung.» Daß es sich bei dieser Überzeugung von der Heilkraft des Glaubens nicht einfach um einen frommen Wunschtraum handelt, wird vom amerikanischen Therapeuten *J. Kovel* bestätigt, der urteilt, «daß mehr Alkoholiker durch religiöse Bekehrung als durch die ganze Medizin der Welt geheilt wurden»: «Bei all dem ungeheuren Aufwand moderner Psychiatrie vermute ich, daß das gleiche sich auch heute bewahrheitet.»[53]

Ist nicht – in treuer Nachfolge dieses großen Zutrauens auf die Heilkraft des Glaubens und natürlich in seiner heutigen Aktualisierung – auch und gerade der Malteser-Ritter-Orden berufen und verpflichtet, dieses ganzheitliche Menschenbild in vorbildlicher Weise zu leben? Und könnte nicht das elfjährige Jubiläum der Solothurner Sektion der Malteser ein willkommener Anlaß sein, sich in neuer Weise darauf zu verpflichten? «Obsequium pauperum» und «tuitio fidei» wären dann nicht einfach zwei disparate Aspekte Ihrer Sendung, sondern ein untrennbares Zwillingspaar, das glaubwürdiges Zeugnis ablegt von der Gottestherapie Jesu Christi in der heutigen Zeit. Für Ihr bisheriges Zeugnis danke ich Ihnen, liebe Malteser-Ritter, heute aufrichtig und bitte für Ihr weiteres Wirken um Gottes Segen. Möge das heutige Jubiläum uns in der Überzeugung bestärken, daß der christliche Glaube so schön und befreiend ist, daß er gesund zu machen vermag. In diesem hoffnungsvollen Vertrauen dürfen wir jetzt das kostbarste Heilmittel empfangen, das Christus uns schenkt: die Feier der Eucharistie, die in der alten Kirche mit Recht als «pharmakon athanasias», als «Heilmittel der Unsterblichkeit» bezeichnet wurde. Bitten wir deshalb Gott, daß wir alle «an Leib und Seele gesunden».

Anmerkungen

[1] G. Lohfink, Braucht Gott die Kirche? Zur Theologie des Volkes Gottes (Freiburg i. Br. 1988) 260.

[2] H. U. von Balthasar, Rechenschaft 1965 (Einsiedeln 1965) 27.

[3] F. Kamphaus, Tut dies zu meinem Gedächtnis. Worum es beim Sonntagsgottesdienst geht (Freiburg i. Br. 1998) 26.

[4] Homilie in der Feier der Zeitlichen Profeß von Schwester Sabine Lustenberger in der Klosterkirche der Schwestern von der Göttlichen Vorsehung in Baldegg am 30. Mai 1998.

[5] Zitiert bei A. Rotzetter – W. C. van Dijk – T. Matura, Franz von Assisi. Ein Anfang und was davon bleibt (Zürich 1981) 85.

[6] Ebda. 71.

[7] Feier der Ewigen Gelübde von Soeur Carmen-Marie de l'-Amour Miséricordieux im Orden der Allerseligsten Jungfrau Maria vom Berge Karmel in Develier am 4. Oktober 1998.

[8] J. Moltmann, Mitleid mit den Katholiken? Acht Punkte einer protestantischen Selbstkritik im Spiegel des Katholizismus, in: Publik-Forum 1998, Nr. 15, S. 26–29, zit. 28.

[9] J. Kardinal Ratzinger, Eucharistie und Mission, in: Forum Katholische Theologie 14 (1998) 81–98, zit. 98.

[10] Homilie im Festgottesdienst zum 500-Jahr-Jubiläum der Franziskanischen Schwestern Luzern in der Klosterkirche Gerlisberg in Luzern am 10. Mai 1998.

[11] Zit. bei M. Ries, Gebetsleben und religiöse Ausstrahlung der Kapuzinerinnen von Luzern, in: Helvetia Franciscana. Beiträge zur Geschichte der Franziskusorden in der Schweiz. Vol 27/1 (Luzern 1998) 125–137, zit. 127–129.

[12] Homilie im Dankgottesdienst zum 350jährigen Jubiläum des Kapuzinerklosters Olten in der Klosterkirche in Olten am 14. November 1998.
[13] R. Stecher, Ringen um Sprache, in: Basler Pfarrblatt Nr. 42/43 (1990) 12–14.
[14] A. Rotzetter – W. C. van Dijk – T. Matura, Franz von Assisi. Ein Anfang und was davon bleibt (Zürich 1981) 140.
[15] Glaube in winterlicher Zeit. Gespräche mit Karl Rahner aus den letzten Lebensjahren, hrsg. von P. Imhof und H. Biallowons (Düsseldorf 1986) 212.
[16] P. M. Zulehner, Ein Obdach der Seele. Geistliche Übungen – nicht nur für fromme Zeitgenossen (Düsseldorf 1994) 54.
[17] Homilie in der Feier der Diamantenen Profeß im Kloster Heiligkreuz in Cham am 11. Juli 1998.
[18] Regula Benedicti 36.
[19] Homilie in der Feier der Äbtissinnenweihe von Schwester M. Lutgard Feierabend O.Cist. zur 19. Äbtissin des Zisterzienserinnenklosters Eschenbach am 29. April 2000.
[20] Regula Benedicti 1.2.
[21] Regula Benedicti 72.11.
[22] Regula Benedicti 2.2.
[23] Aelred von Rievaulx, Oratio pastoralis 8.
[24] Regula Benedicti 2.32.
[25] Regula Benedicti 2.4.
[26] Regula Benedicti 2.12.
[27] Homilie in der Eucharistiefeier mit den Franziskanischen Familien von Solothurn in der Kapuzinerkirche in Solothurn am 18. Juni 1998.
[28] Bonaventura, Itinerarium I, 15.
[29] K. Hemmerle, Theologie als Nachfolge. Bonaventura – ein Weg für heute (Freiburg i. Br. 1975) 14.
[30] A. Ganoczy, Theologie der Natur (Zürich 1982) 46.
[31] H. E. Richter, Der Gotteskomplex. Die Geburt und die Krise des Glaubens an die Allmacht des Menschen (Reinbek bei Hamburg 1979).
[32] Zit. bei A. Rotzetter – W. C. van Dijk – T. Matura, Franz von Assisi. (Zürich 1981) 153.

[33] Bonaventura, Itinerarium I, 15.
[34] Homilie am Gedenktag des Heiligen Namens Jesus im Kloster Nominis Jesu in Solothurn am 3. Januar 1999.
[35] F. Kamphaus, Tut dies zu meinem Gedächtnis. Worum es beim Sonntagsgottesdienst geht (Freiburg i. Br. 1998) 19.
[36] J. Kardinal Ratzinger, Das Fest des Glaubens. Versuche zur Theologie des Gottesdienstes (Einsiedeln 1981) 56.
[37] Homilie im Gottesdienst mit VertreterInnen der Ordensgemeinschaften in der Stadt Solothurn am Fest der Erscheinung des Herrn am 6. Januar 1998 in der Kapelle des bischöflichen Ordinariates.
[38] Homilie im Dankgottesdienst zur Verabschiedung der Ingenbohler Schwestern an den Kantonalen Sonderschulen Hohenrain am Hochfest des Heiligsten Herzens Jesu am 11. Juni 1999 in der Dorfkirche Hohenrain.
[39] Papst Paul VI., Evangelii nuntiandi, Nr. 34.
[40] U. Bach, Der behinderte Mensch als Thema der Theologie, in: J. Moltmann (Hrsg.), Diakonie im Horizont des Reiches Gottes. Schritte zum Diakonentum aller Gläubigen (Neukirchen 1984) 92–105, zit. 103.
[41] Homilie am Gedenktag des heiligen Mauritius und seiner Gefährten in der Abtei St. Maurice am 22. September 1998.
[42] F. Buggle, Denn sie wissen nicht, was sie glauben. Oder warum man redlicherweise nicht mehr Christ sein kann (Reinbek bei Hamburg 1992) 134.
[43] Papst Johannes Paul II., Ut unum sint, Nr. 84.
[44] Homilie im Festgottesdienst der Heiligen Germain und Rondoald, Patrone der Pfarrei Moutier, und bei der Einsetzung von deren Reliquien in das neue Reliquiar in Notre-Dame de la Prévôté in Moutier am 22. Februar 1998.
[45] K. Berger, Gottes einziger Ölbaum. Betrachtungen zum Römerbrief (Stuttgart 1990) 62.
[46] Homilie im Gottesdienst mit dem Ritawerk am Fest der heiligen Rita in der Jesuitenkirche in Luzern am 22. Mai 1999.
[47] Homilie im Gedenkgottesdienst zum 100. Todestag der heiligen Theresia von Lisieux in der Jesuitenkirche in Luzern am 11. Mai 1997.

[48] Homilie im Gottesdienst zum 11jährigen Jubiläum der Sektion Solothurn des Hohen Malteser-Ritter-Ordens in der Kathedrale St. Urs und Viktor in Solothurn am 19. September 1998.
[49] H. Schipperges, Die Vernunft des Leibes. Gesundheit und Krankheit im Wandel (Graz 1984) 59.
[50] Mittwoch der ersten Woche.
[51] G. Greshake, Communio – Schlüsselbegriff der Dogmatik, in: G. Biemer u. a. (Hrsg.), Gemeinsam Kirche sein. Theorie und Praxis der Communio. Festschrift für Erzbischof Dr. Oskar Saier (Freiburg i. Br. 1992) 90–121, zit. 107.
[52] B. Meuser, Gottestherapie. Warum der christliche Glaube gesund macht (Ostfildern 1993).
[53] J. Kovel, A Complete Guide to Therapy. From Psychoanalysis to Behaviour Modification (New York 1975) 148–149.